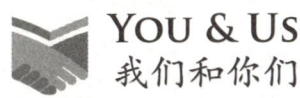

YOU & US
我们和你们

中国和阿尔及利亚的故事

刘玉和 主编

五洲传播出版社

图书在版编目（CIP）数据

中国和阿尔及利亚的故事 / 刘玉和主编 . -- 北京：五洲传播出版社，2018.8
（我们和你们）
ISBN 978-7-5085-3984-3

Ⅰ.①中… Ⅱ.①刘… Ⅲ.①中外关系 - 友好往来 - 阿尔及利亚
Ⅳ.① D822.241.5

中国版本图书馆 CIP 数据核字 (2018) 第 166565 号

中国和阿尔及利亚的故事

主　　编：	刘玉和
出 版 人：	荆孝敏
责任编辑：	高　磊
装帧设计：	正视文化
出版发行：	五洲传播出版社
地　　址：	北京市海淀区北三环中路 31 号生产力大楼 B 座 6 层
邮　　编：	100088
发行电话：	010-82005927，010-82007837
网　　址：	www.cicc.org.cn www.thatsbooks.com
承　　印：	北京圣彩虹科技有限公司
版　　次：	2019 年 1 月第 1 版第 1 次印刷
开　　本：	787×1092mm 1/16
印　　张：	15.25
字　　数：	220 千字
定　　价：	56.00 元

丝路精神谱新篇

——写在"我们和你们"丛书之中国和阿拉伯国家故事系列图书出版之际

中国同阿拉伯国家友谊源远流长。历史上,陆上丝绸之路和海上香料之路就已把中国和阿拉伯国家连在一起,甘英、郑和、伊本·白图泰都是耳熟能详的友好使者。近代以来,特别是自万隆亚非会议之后,中国同阿拉伯国家承前启后开创了友好交往的新纪元。1956年至1990年,中国同全部22个阿拉伯国家建立外交关系。

中阿友好交往已经走过一个甲子。60年来,无论国际和地区风云如何变幻,阿拉伯国家在中国外交版图中始终占据重要位置。中国坚定支持阿拉伯民族解放运动,坚定支持阿拉伯国家捍卫国家主权和领土完整、争取和维护民族权益、反对外来干涉和侵略的斗争,坚定支持阿拉伯国家致力于实现和平稳定、发展民族经济、建设国家的事业。阿拉伯国家也在台湾等涉及中国核心利益问题上给予中方长期有力支持。1971年,13个阿拉伯国家投票支持中国恢复联合国席位,"两阿提案"永载史册。迄今为止,中国同8个阿拉伯国家建有战略性关系。阿拉伯国家已成为中国第一大原油供应方和第七大贸易伙伴,是中国最重要的工程承包和海外投资市场之一。

站在新的历史起点上,习近平主席高屋建瓴地指出,中国同阿拉伯国家是共建"一带一路"的天然合作伙伴,双方在各自实现民族振兴的道路上要结伴而行，共同弘扬和平合作、开放包容、互学互鉴、互利共赢的丝路精神。习近平主席为中阿关系发展规划的宏伟蓝图，贯穿了以发展促和平的深刻理念，体现了中国负责任的大国风范。

当前，尽管国际形势经历深刻变化，但坚定中阿友好始终是双方的政治共识，中阿共建"一带一路"成为新时期双方发展关系的引领。中阿以能源合作为主轴，以基建、贸易投资便利化为两翼，以核能、航天、新能源三大高新领域为突破口的合作格局进一步夯实；以"促进稳定、创新合作、产能对接、增进友好"为支撑的四大行动计划正全面向前推进。

"我们和你们"丛书之中国和阿拉伯国家故事系列图书就是共建中阿友好的一些亲历者们的讲述，在他们笔下，中国同阿拉伯国家关系发展的一幕幕情景、一桩桩大事、一件件细节，温暖、鲜活地呈现。书中一个个动人的故事，老一辈政治家的决断，外交前辈的亲历，普通人的交往……中阿之间政治、经贸、军事、人文等各领域友好合作发展的点滴，让我们重温先辈的开拓，感受历史的厚重，寄望未来的辉煌。

历史车轮滚滚向前，西亚北非地区必将翻开新的一页。我们将继续同阿拉伯国家世代友好、守望相助，为实现中华民族伟大复兴的"中国梦"和阿拉伯国家人民过上安宁、幸福生活的美好愿望而携手同行。

谨以此序向为中阿友好事业作出贡献的先辈、同事、朋友们致敬。

王毅

中华人民共和国国务委员兼外交部长

序

我十分荣幸能为这本书作序。它记录了阿尔及利亚与中国之间坚实友谊和建设性合作关系走过的最重要的历史节点，特别是两国今年将庆祝建交 60 周年，我们对此非常重视。它带着崇高深刻的含义，反映了彼此历久弥坚的友谊，在过去几十年中如此卓尔不凡。

这一关系在各个时期都实现了政治互信、富有成效的经济合作、密切的人文交流以及国际事务上相互协调，特别是在两国的共同关切上取得了一致。两国渴望在尊重国家主权、不干涉各国内政的基础上，建立一个普遍推崇公正、和平、安全的价值观，更加人性化的世界，并为加强南南合作、建立公正的多极国际秩序不懈奋斗。

阿尔及利亚人民绝不会忘记中华人民共和国是最先承认 1958 年 9 月 19 日建立的阿尔及利亚临时政府的国家之一，一直以来对这个友邦在各个领域向阿尔及利亚革命给予的有力支持、为独立后新兴的阿尔及利亚发展提供宝贵的帮助而心怀感恩。在我的祖国开始重新建设被残忍的殖民者毁坏的家园、急需帮助的时候，1963 年中国将第一支援外医疗队派遣到了阿尔及利亚。

1971 年，阿尔及利亚和广大第三世界国家在联合国大会上参与斗争，要让中国恢复在各大国际组织的合法地位、重返安理会常任理事国席位，这一事件让两国友谊与合作更加紧密。当时那场斗争不仅属于中国人民，更成为所有第三世界国家的胜利，它们从此进入国际舞台，表达自己的声音并捍卫自己的正当要求。

阿中关系在理解与相互尊重的坚实基础上得到发展，在全面完善的法律框架下，为双方建立落实建设性合作倡议搭建了有力平台。这一倡议体现为1982年阿中经济、贸易、技术合作共同委员会机制的成立和定期举办的活动。

最近18年以来，双方关系在两国高层领导互访的推动下充满了活力，如总统阿卜杜勒·阿齐兹·布特弗利卡于2000、2006和2008年访问中国，中国两任国家主席江泽民、胡锦涛分别于1999年、2004年访问阿尔及利亚。此外，还有一系列两国高层其他官员的互访。

2014年，两国双边关系发生了质的、历史性的飞跃：阿尔及利亚总统阿卜杜勒·阿齐兹·布特弗利卡阁下和中国国家主席习近平阁下签署联合声明，宣布建立全面战略伙伴关系；2014年5月25日，两国推出2014—2018五年计划，规划了在各个领域的共同行动。阿尔及利亚成为第一个与中华人民共和国建立这类战略伙伴关系的阿拉伯国家。

阿尔及利亚与中国在政治层面的磋商得到加强，这一点是通过两国在安全与反恐领域的战略对话新机制实现的，第一届对话于2016年11月26日在阿尔及利亚举行。此外，还有几十年前建立的政治磋商机制。

在经济层面，两国政府签署了一系列鼓励保护投资、避免双重征税，在海运、民航、技术、科研、劳工、社保、民商事司法等领域合作的协议，在互利基础上建立相应的法律框架，推动双方伙伴关系的发展。两国经贸关系在近年取得了巨大成果：一方面，中国企业有力地参与了阿尔及利亚各大开发项目、基础设施建设，如一百万套住宅建设、东西高速公路以及铁路等改善国民生活、推动经济快速发展的工程；另一方面，自 2013 年以来，中国一直是阿尔及利亚最重要的贸易伙伴，每年对阿出口额都超过 80 亿美元。

如此强大的活力推动双边关系发展到了一个全新的水平，有望推动中国在阿尔及利亚的投资。通过抓住工业、科技、农业、旅游业等诸多重要领域的良好合作机会，有助于促进两国经济关系多元化、实现贸易平衡。

双边合作已经拓展到高科技领域，两国在这一领域的共同努力取得了令人瞩目的成就：2017 年 12 月 11 日，第一颗阿尔及利亚人造通信卫星"Alcomsat-1"在中国发射成功。在此，我要向中国帮助阿尔及利亚掌握通信与媒体领域的新技术表示由衷的感谢。

阿中合作并不仅限于政治经济领域，还延伸到文化、科技和人文领域。两国之间学生交流逐年增多，人员往来日趋频繁，2016 年，在阿尔及利亚定居的中国人超过 55000 人，这一数字还在持续增长。可以肯定，在阿尔及利亚的中国侨民将为友好的两国人民搭建文化和人文交流的桥梁作出巨大贡献。

中国的经济文化活力给予了我国、所有新兴国家或者说在发展道路上前进的国家启发和指引。她的发展历程表明，从文化传统中汲取营养的人民具备强大的创造力，任何力量都无法妨碍发展经济的意志。

值得关注的最重要工程要数2013年中国国家主席习近平为建设"丝绸之路经济带"和"21世纪海上丝绸之路"而提出的伟大倡议。这一重要工程描绘了诸多国家之间互联互通的宏伟规划和实施步骤，在此框架下开展一系列互利共赢的重要项目，为所有伙伴带来福祉，其中就包括阿尔及利亚——它得益于优越的地理位置、与中国的深厚关系。

在这方面，位于歇尔谢尔地区哈姆丹尼的"中心港"项目是两国互信、富有成效的伙伴关系的最好证明，是该地区最重要的海上设施之一，由阿方与中国企业合作施工运营。这一重要工程将有力促进阿中两国经贸关系，并通过横穿撒哈拉的道路成为与其他非洲国家连接的纽带。

除了双边合作框架之外，阿尔及利亚与中国的关系有一大特点，即她是中国这一重要伙伴与阿拉伯非洲地区之间连接的枢纽。阿尔及利亚一直参与自2004年成立的中阿合作论坛、自2000年成立的中非合作论坛，在此框架内长期致力于巩固互利伙伴关系。结合非洲大陆的愿望和在"非洲发展新伙伴计划"、非盟《2063年议程》等框架下的发展优先性，该论坛已成为提升非中关系倡议的平台，有助于深化加强双方在经济、贸易、文化和安全方面的交流。

阿尔及利亚为中国在所有领域取得的成就而高兴，这一友邦成为世界上有分量、有地位的大国，有能力为全人类的进步作出重大贡献。这一进步令人鼓舞，它为所有追求发展进步的国家打开了希望之门。

让我们更为高兴的是，我们一起庆祝阿中建交60周年，这是两国关系、领导层互信取得的重大发展，代表着美好未来更大的辉煌和成就。祝贺阿尔及利亚、祝贺中国取得这一伟大成就！

阿卜杜勒-卡德尔·梅萨赫勒

阿尔及利亚民主人民共和国外交部长

目 录

序 / 王毅 | 003
序 / 阿卜杜勒－卡德尔·梅萨赫勒 | 005

记忆篇

◎ 陈昊苏：诗中友谊记华年 | 014
◎ 穆罕默德·哈吉·亚拉：中国对阿尔及利亚解放以及发展历程的支持 | 023
◎ 李肇星：访非情怀 | 028
◎ 哈桑·拉贝希：代表阿尔及利亚常驻中国的岁月 | 032
◎ 杨文昌：走进非洲 | 036
◎ 艾哈桑·布哈利法：阿尔及利亚与中国：密切的关系与灿烂的未来 | 041
◎ 杨广玉：从递交国书的特殊安排看中阿两国的特殊情谊 | 048
◎ 刘玉和：铁肩担使命，携手谱新篇 | 052
◎ 安惠侯：在阿尔及利亚的一段特殊经历 | 067
◎ 吴思科：访问阿尔及利亚的点滴回忆 | 075
◎ 尹红生：跨越半个世纪的战友情 | 081
◎ 石岳文：阿尔及利亚二三事 | 087

人物篇

◎ 穆福迪·扎科里亚：在穆斯塔法·福鲁赫的葬礼上 | 098
◎ 吴富贵：他的命运与中国连在一起
　　　　——访"中国阿拉伯友好杰出贡献奖"获得者达布什教授 | 102
◎ 鲁特菲·穆戈迪姆：我在中国的经历 | 109
◎ 张玉楠：妈妈的随居生活 | 115
◎ 扎克利亚·侯赛因：我的中国经历：一名阿尔及利亚留学生的见闻 | 120

合作篇

◎ 汪　勇：阿星一号闪耀"一带一路"，中阿全面战略合作伙伴关系再添硕果 | 126
◎ 阿卜杜拉·丹努尼：阿中伙伴关系的典范 | 132
◎ 陈文健：阿国十二年 | 135
◎ 中国援阿医疗队：中国援阿尔及利亚医疗花絮 | 143
◎ 文学、戚国顺：中阿友谊万年长
　　　　　　——记中国石化沙漠输水管道项目与当地人的感人事迹 | 152
◎ 卓　磊：阿尔及利亚，我的"金戈铁马入梦来" | 161
◎ 刘元培：向中国敞开大门
　　　　　——访阿尔及利亚前高教科研部长阿布巴克尔·本布齐德 | 170

交流篇

◎ 伊斯梅尔·达布什：阿尔及利亚与中国的关系：印象、观点及见证 | 176
◎ 安　青：中国功夫架起中阿民心桥梁 | 184
◎ 弗尼德斯·本贝拉：与中国人在一起的难忘日子 | 188
◎ 许琪萍：难忘的赴阿尔及利亚艺术采风和交流之旅 | 198
◎ 达利·贾法尔：阿尔及利亚与中国的关系：不一样的故事 | 207
◎ 李　琼：远方的亲戚 | 211
◎ 法尔雅·费拉里：我和中国的相遇 | 218
◎ 游　丹：邮票中的阿中友谊 | 225
◎ 杨　音："我能摸摸相机吗" | 229
◎ 刘元培："邮票犹如使者"——与阿尔及利亚集邮家艾哈迈德·阿尔维一席谈 | 233
　　　　　后记 / 刘玉和 | 240

记忆篇

> 陈昊苏：诗中友谊记华年
> 穆罕默德·哈吉·亚拉：中国对阿尔及利亚解放以及发展历程的支持
> 李肇星：访非情怀
> 哈桑·拉贝希：代表阿尔及利亚常驻中国的岁月
> 杨文昌：走进非洲
> 艾哈桑·布哈利法：阿尔及利亚与中国：密切的关系与灿烂的未来
> 杨广玉：从递交国书的特殊安排看中阿两国的特殊情谊
> 刘玉和：铁肩担使命，携手谱新篇
> 安惠侯：在阿尔及利亚的一段特殊经历
> 吴思科：访问阿尔及利亚的点滴回忆
> 尹红生：跨越半个世纪的战友情
> 石岳文：阿尔及利亚二三事

诗中友谊记华年

陈昊苏（中国人民对外友好协会前会长）

我第一次访问非洲是在30年以前。1987年，我作为广播影视部副部长率团赴阿尔及利亚参加中国电影节活动。又过了十几年，到21世纪初我担任全国友协会长，多次前往非洲国家访问，广交朋友，推动合作。我对非洲最深刻的认知就是非洲人民解放与腾飞的斗争主题，有一首诗讲述了我的感受：

叩开阿非利加的大门，

感受古老文明的光辉，

把解放腾飞的事业赞美。

颂词镌刻在壮丽的丰碑：

人类因你的解放而解放，

世界因你的腾飞而腾飞。

其实，我与非洲结缘，还应追溯到更早的上世纪60年代。那是1963年底，我父亲陈毅元帅陪同周恩来总理出访非洲十国，历时三个月。这是当时中国的一项重大外交活动。中国坚决支持在亚洲、非洲和拉丁美洲蓬勃兴起的民族解放运动，对正在赢得解放的非洲各国人民示好，至今为非洲人民所铭记。我那时还是一个青年学生，也因此而鼓动起巨

1958年12月20日,中华人民共和国政府和阿尔及利亚共和国临时政府在北京签署联合公报。图为中国外交部长陈毅与阿临时政府军备和供应部长马哈茂德·谢里夫在签字后握手。

大的热情,对非洲人民的革命斗争充满向往。

周总理的非洲十国之行,第二站便是刚刚赢得民族解放、国家独立的阿尔及利亚。作为副总理和外交部长,我父亲是周总理的主要陪同者,他用自己的诗笔记录下了当年出访的一些场景。

1963年12月21日,周总理的专机飞抵阿尔及利亚首都阿尔及尔,受到热烈欢迎。进城路上,主人介绍,在抗法战争中,阿尔及利亚民族解放军在这里开展了著名的城市游击战。我父亲记下了他对这座首都最初的印象:

  阿尔及尔英雄城,城市游击著令闻。

  森林中有大城市,大城市中有森林。

在我们中国的抗日战争时期，曾有一首非常著名的《游击队歌》，其中唱道："在密密的树林里，到处都安排同志们的宿营地，在那高高的山岗上，有我们无数的好兄弟。"父亲笔下"大城市中有森林"，就是歌颂阿尔及尔的城市游击战：人民把这座城市变成与殖民军进行游击战争的主战场，城市森林也就是阿尔及利亚革命战争赢得胜利的光荣阵地。

负山面海阿京雄，沿岸峰峦走似龙。

百里郊原尽嫩绿，汽车穿透橘林红。

阿尔及尔位于地中海的南岸，沿着海岸公路进入市区，可以看到南面山坡上有绵延不断的橘树林，绿中透红，十分壮观。一路行来，主人敞开心扉，客人心旷神怡。阿尔及利亚人民把中国人民当成最好的战友和同志，他们记得从 1954 年 11 月 1 日阿尔及利亚人民发动武装起义、成立民族解放军以来，中国一直是他们抗法斗争最坚定的支持者。1958 年 9 月阿尔及利亚临时革命政府成立后，12 月中国即率先承认并与之建立正式的外交关系。阿尔及尔高规格地欢迎周总理代表团来访，把引为自豪的美丽景观向来自远方的战友展示。那红绿交织的生命色彩，在父亲的笔端流露，这也是他宾至如归，带给好客主人的美好祝福。

在阿尔及利亚的访问日程非常紧张，周总理一行不仅与阿方领导人进行密集会谈，广泛会见阿方各界人士，还访问了许多工厂、农庄、学校。那时，阿尔及利亚革命胜利还不到两年，社会生活保持着革命时期的简朴作风。父亲曾回忆说，参加各种活动时阿方领导人和各级干部都一律穿着布制军装，显示出朝气蓬勃的战斗精神，有点像我们新中国刚成立的 50 年代初期一样。

周总理参观了阿尔及尔革命孤儿院，这是一处十分重要的革命纪念地。主人介绍说，在130年前，法国殖民军从一处海滩登陆，开始了侵占阿尔及利亚的战争。革命胜利之后，阿尔及利亚政府在这片海滩上开设了革命孤儿院，为大批解放军战士的遗孤提供学习的机会。在阿尔及利亚全国，这样的革命孤儿院有50个之多，所收容的革命孤儿大概有5000人，这里是比较大的一个。来访的贵宾怀着敬意体会到其中的深刻用意，就是为革命后代提供爱国主义教育的阵地，让孩子们受到教育和激励，将来成为民族解放事业的接班人。父亲因此即兴赋诗：

强敌入侵登陆处，百年国运事堪哀。

此日重光天地变，孤儿院里百花开。

周总理代表团在阿尔及尔停留了五天，还到奥兰去参观访问一天，他们自始至终感受着阿尔及利亚人民的友谊和热情，留下难以忘怀的印象。父亲后来曾回忆说，每天都高潮迭起，送来让人应接不暇的新鲜感受。密集的行程使父亲的体力消耗很大，却是令人愉快的辛劳。他难免有些遗憾，有些深刻的印象都来不及写成诗歌，因为又要面对新的活动高潮。直到非洲十国之行快要结束时，他在东非的索马里写下《非洲》二首，讲述非洲留给他的总的观感，其中当然也包括了在阿尔及利亚获得的感受：

（一）

非洲情况近如何？到处人民欢庆多。

沙漠雪山初觉醒，重洋两海泛春波。

殖民新旧谋转化，部族精华起沉疴。

最喜斗争终获胜，不忘警惕荷干戈。

1963年12月21日，周恩来总理和陈毅副总理兼外长访问阿尔及利亚，阿首任总统本·贝拉到机场迎接。

（二）

黑非今日变红非，大地殖民已式微。

象牙黄金还物主，白鹰翠鸟有林归。

衣冠似雪男雄壮，妙舞如花女褐菲。

喜尔新来自豪惯，京垓兆亿庆春晖。

1964年2月，周总理代表团回到国内，在成都休整，一方面过春节，一方面也要准备下一阶段去亚洲三国访问，同时，还召集了重要的使节会议，对非洲之行进行总结。周总理在许多内部场合报告非洲之行的经过，阐明中非友谊合作对我们国家发展及世界进步具有的重大意义。我父亲总是根据总理的讲话进行必要的补充。他的《非洲》诗作可以说是对非洲十国之行的诗意总结，道出了周总理率团进行友好交流的艰辛和愉快。他们共同感受到非洲民族解放运动的磅礴进取带来的翻天覆地的胜利变革。不夸张地说，阿尔及利亚人民是非洲解放伟大革命的先锋部队，而中国人民是这支先锋部队热情而忠实的坚强后盾。

1964年11月初，我父亲又作为中国政府代表，专程前往阿尔及尔参加阿尔及利亚武装起义十周年庆典。在他的《六国之行》诗中，有一段讲述这第二次访阿之行的感想：

桓桓阿惹尔，革命气豪雄。
百战驱封豕，千辛制毒龙。
海滨禾稼美，沙漠石油浓。
解放凭兵甲，殊方道路同。

诗中对阿尔及利亚争取民族解放、国家独立的英勇斗争从历史和现实两个方面作出热情的颂扬，特别强调了中阿两国人民都是经过革命武装斗争赢得自身的解放。在他看来，这正是两国人民友谊合作得以巩固发展的决定性因素。《六国之行》诗后来曾送呈毛主席，毛主席对其中第一首作了修改，并题名"西行"。其中有"风雷驱大地，是处有亲朋"的句子，对60年代我国外交活动的交友本质和磅礴气势作出概括，成为新中国历史上的一段永远不能忘怀的宝贵记忆。我父亲陈毅元帅在毛主席、周总理的领导下，为各国人民的友谊合作做了有益的工作，为中国与非洲各国的友好交流开拓出胜利发展的道路，这使我感奋不已。我因此产生了一种使命感，要用自己的努力继续前人的事业，争取新的成就。

我在80年代初走上领导岗位，同时也就开始涉足外交工作，所以有了本文开头提到的第一次出访阿尔及利亚，这也是我首次踏上非洲的土地。非洲的民族解放运动经过 30 年的努力，已经取得基本上的成功，正在尽极大的努力争取经济文化发展的腾飞。到 21 世纪头十年，我已经十余次访问非洲，不断积累对于非洲解放与腾飞的深刻印象。其中 2006 年第二次访问阿尔及利亚时写过两首七律：

（一）重游阿尔及尔

二十年间两度游，白城屹立北非洲。

靓山合抱环三面，信史翻篇又一秋。

纪念碑前谈以往，迎宾馆内话交流。

北京峰会召开日，崛起风光不胜收。

（二）会见抗法老战士

当年解放立大功，献身独立受尊崇。

曾经一代开山险，已历三朝创业宏。

无限同情缘正义，忘年友谊胜春风。

老兵挚爱传佳话，世代中阿好弟兄。

这时距离周总理 1963 年来访已经过去 43 年，很多当年朝气蓬勃的青年战士已经变成白发苍茫的老战士，但是他们仍对周总理、陈毅副总理的来访留有深刻的印象。经过中国大使馆同志的介绍，他们对我这个中国革命的后代（也已经是六十开外的老人了）表现出极大的热情，视为未曾谋面但神交已久的老朋友，用豪爽的拥抱、炽热的言辞表达汹涌澎湃的激动，使我内心深处受到触及，引发久久不能平息的暖流振荡。

记忆篇

周恩来总理和陈毅副总理兼外长在本·贝拉总统陪同下参观工厂。

尽管 40 年间阿尔及尔的社会生活已经有了很大改变,但抗法老战士依然受到普遍的尊敬,他们所表达的革命雄风以及他们对中国同志那一片战友情深,都深深感染着参加两国友好人士会见的每一个人。

特别值得提及的是,当时正值中非合作论坛峰会在北京隆重举行,阿尔及利亚朋友怀着敬意推崇中国主办的这一峰会,认为是对中非友好合作新的重大贡献,像在革命战争年代、和平建设时期一样,中国以大智慧、大手笔、大动作引领世界的进步,推动发展中国家在政治独立的前提下走向经济文化的腾飞。这当然不是一件容易的事情,会有反复和曲折,但没有什么外来的力量能够阻挡非洲的进步。

我当时写过一首《中非友谊之歌》:

> 空间是如此辽阔，
>
> 数万里风云席卷。
>
> 时间是如此漫长，
>
> 一百年走向永远。
>
> ……
>
> 中非的友谊展开了新页，
>
> 四海的兄弟正携手向前。
>
> 还会有无数的辽阔漫长，
>
> 走下去，迎接美好的明天。

现在，又是12年过去了，中国在习近平主席的领导下，正为推动新时代新长征付出新的努力。中国提出了人类命运共同体的崭新理念，并以全方位的合作努力去实现这个理念。中国秉持真实亲诚的原则与非洲国家共谋发展，这是从50多年前周总理访问非洲十国时就正式启动的传统政策，现在已得到空前规模的推行，必将对未来的世界进步产生巨大的影响。

在新的春天到来之际，我题七绝一首致感：

> 解放腾飞无尽意，和平友谊共言欢。
>
> 中非合作传佳话，真实亲诚奏凯还。

中国对阿尔及利亚解放
以及发展历程的支持

穆罕默德·哈吉·亚拉（阿尔及利亚前驻华大使）

阿尔及利亚与中国建交60年之际，正是回顾这段历史时期两国关系各方面发展成果的良机。作为阿尔及利亚独立后出使中国的一位使节、阿尔及利亚—中国友好协会创始成员之一，我想重点回顾一下阿尔及利亚与中国在该时期最突出的外交活动，让后来人能够了解阿尔及利亚在这一敏感关键的历史阶段所取得的外交成就。

1927年9月23日，我出生在西迪叶海亚－提夫拉（一个小部落地区）。1955年2月，我参加了汉舍莱地区的革命队伍。在民族解放战争时期，我担任了国内外多个职位，包括民族解放阵线驻南斯拉夫共和国贝尔格莱德代表团的副团长和驻捷克斯洛伐克共和国布拉格代表团的团长。

阿尔及利亚独立以后，我直接进入外交部，先后被任命为常驻多国的大使，其中包括几内亚、中国和苏联。此外，我曾担任首都所在的阿尔及尔省和君士坦丁省省长，之后出任总统顾问一职。另外，我也曾在多个部委主持工作，包括商务部、内政与地方行政部、财政部等。

1964年，我继阿卜杜·拉赫曼·凯万之后出任阿尔及利亚驻华大使。阿卜杜·拉赫曼·凯万大使在阿尔及利亚与中国关系史上留下了浓墨重彩的一笔。我一就任，就受到了中国领导人尤其是时任国务院副总理兼外交部长陈毅先生的特别接待和照顾。之后，我得到了毛泽东主席的接见，与周恩来总理多次会晤。

陈毅副总理兼外长会见亚拉大使。

我绝对不会忘记这个伟大国家的高层领导给予我的照顾，这让我能够圆满完成使命。尽管存在语言上的障碍，但我在与中国社会各阶层的交流中还是觉得轻松温暖。每次与兄弟国家的大使或者中国领导人会见时，我都能深深地感受到他们欣赏、肯定阿尔及利亚，都想结识她的代表——他来自一个战胜法国殖民主义、为了争取自由而付出巨大牺牲的新独立国家。

这些对阿尔及利亚的感情，真实反映了中华人民共和国对光荣的解放革命对阿尔及利亚人民收回国家主权的合法斗争给予的支持。

众所周知，中国是第一个承认阿尔及利亚临时政府（1958年9月22日，阿尔及利亚独立之前）的非阿拉伯国家，这一伟大立场以及之后中国对民族解放军的经济、军事援助，对阿尔及利亚革命进程乃至最终实现独立都具有重要影响。

另一方面，阿尔及利亚也动员了第三世界国家支持中国恢复其在联合国的合法席位并担任联合国安理会常任理事国。1971年，阿尔及利亚和阿尔巴尼亚提出议案，由当时的阿尔及利亚外交部长、现任总统阿

毛泽东主席接见亚拉大使（左2）。

卜杜勒·阿齐兹·布特弗利卡递交至联合国大会。阿尔及利亚一直与中国站在一起，在其收复领土主权（香港、澳门）、维护国家统一的行动中给予支持。

　　再谈谈我在这个国家任职期间最重要的外交活动。记得中国向阿尔及利亚人民提供了大量的人道主义援助和粮食物资，包括小麦、大米、药品、建筑材料和教学设施。同时，中国还接待了阿尔及利亚军事、青年和体育交流的代表团，以及许多阿尔及利亚政府官员到北京的访问，特别是我的各位兄弟：经济部长巴希尔·布穆阿泽、内政部长艾哈迈德·马德格里、商务部长努尔·丁·达拉希、教育部长阿卜杜·拉哈曼·本·哈米丹、宣传部长艾哈迈德·塔里卜·易卜拉希米、公共卫生部长提贾尼·哈达姆博士、阿马尔·奥斯卡以及其他官员的访问。

中国医疗队在阿尔及利亚开展巡回医疗，为牧民治病。（供图：中新社）

在此必须强调的是，由于两国的政治意愿以及领导人和专家的努力，这些访问中签署了多项重要协定和合作计划，包括 1964 年 9 月 19 日于北京签署的贸易协议、1964 年 9 月 29 日于北京签署的金融支持协议、1964 年 12 月 25 日于阿尔及尔签署的科技合作协议、1965 年 3 月 3 日于阿尔及尔签署的文化合作交流协议，以及 1965 年 12 月 8 日于阿尔及尔签署的公共卫生领域合作计划。

我们特别赞赏中国在阿尔及利亚独立后给予的医疗援助。特别是自 1963 年起，中国派出了多批医疗队，他们带着各种医疗设备到达了阿尔及利亚各个地区。到 1964 年末，已经有超过 250 名中国医生到我国的农村乡镇救死扶伤，大大缓解了导致公民死亡的疾病和疫情。这样的举措在阿尔及利亚每个人心中都留下了积极影响，播撒了两国人民友谊的种子。这里我想提一件趣事，在公共卫生部长提贾尼·哈达姆博士到北京访问期间，中国卫生部长邀请他到一家医院观摩一位病人接受复杂手术之前采用针灸进行麻醉的过程。作为一名医学教授、著名的外科医生，这种不常见的场景让哈达姆博士感到既新奇，又有些惊讶。

由于两国在各种国际事务上的协调一致的政治立场，中国认为阿尔及利亚是支持民族解放运动的强大力量，尤其是阿尔及利亚强烈要求在正义与公平基础上建立南北新秩序。这一时期，阿尔及利亚对中国扩大反帝国主义、反殖民主义、反对各种霸权的统一战线表示支持。

在此基础上，不结盟国家原本决定1965年6月在阿尔及利亚召开第二届亚非首脑会议，为此还成立了筹备委员会，由阿卜杜·拉提夫·拉哈勒大使担任主席，我是成员之一。后来由于1965年6月19日政局突变，此次会议最终搁置。

我在北京工作期间与中国高级官员的交往、他们在阿尔及利亚解放革命期间和独立之后给予阿尔及利亚的一贯支持，以及之后两国领导人的互访，都明确强调：无论是面临什么挑战，两国经历什么变化，阿尔及利亚和中国的历史联系将一直牢固，阿尔及利亚也将铭记中国人民的恩情。今天，对于两国合作关系所达到的水平、近年来两国在各领域交往取得的质的飞跃以及两国关系达到的全方位战略合作水平，我感到自豪。这些都要归功于两国领导人的决心和真诚意愿，以及多年来为巩固这种关系而奉献的所有人的努力。

毫不夸张地说，尽管我作为驻华大使的任期很短暂，经历却非常丰富。走访了广袤辽阔的中国各地区，穿梭在城市与农村之间，参观古迹和博物馆，感受中国民俗文化和古老的文明，与政界、文学界、思想界人士建立了牢固的联系。我对在这个国家见识的风貌、地点和结识的人们怀着热爱与眷念，我的记忆将一直翱翔在过去和当下，盘旋在多年前怒放的青春与晚年美好的回忆之间。人身上最好的美德就是忠诚，此文即是我对中国大地和人民的热爱的忠诚表达。

访非情怀

李肇星（中国外交部前部长、中国人民外交学会名誉会长）

2008年访阿期间，李肇星与时任中国驻阿大使刘玉和合影。

非洲是阿非利加洲的简称，"阿非利加"是希腊文阳光炽热的意思。非洲有54个国家，我有幸访问了53个。没去非洲之前，非洲是一片神秘的土地，来到非洲，揭开它神秘的面纱，我被非洲人民激情四射、英勇顽强、勤劳淳朴的性格所吸引。非洲是充满希望的大陆，这里的人民充满对美好未来的憧憬。

2008年11月3日至6日，中国全国人大常委会委员长吴邦国对阿尔及利亚进行友好访问，分别会见了阿总统布特弗利卡、总理乌叶海亚和民族院（参议院）议长本·萨拉赫，与国民议会（众议院）议长齐阿里举行会谈。我作为全国人大外事委员会主任随行。故地重游，感慨万千，有诗为证：

记忆篇

（一）我比卡尔·马克思幸运

我已三访阿尔及利亚，

马克思来过一次——

那时这里不是国家，

是地中海彼岸某国属地。

在烈士碑和脚手架下，

我有幸见证伟人朴素的真理：

大地上没有神仙，

天堂里没有上帝——

自由靠万千儿女拼搏牺牲，

人权靠代代子孙自强不息……

2008年11月4日，正在阿尔及利亚进行正式友好访问的中国全国人大常委会委员长吴邦国向阿尔及利亚无名烈士纪念碑敬献花圈。（供图：中新社）

这首诗写于 2008 年 11 月 3 日，当时我首次陪吴邦国委员长出访，首站为阿尔及利亚。马克思于 1822 年 2 月末至 5 月初来阿养病，次年逝世于英国，享年 65 岁。第一次世界大战前，非洲仅有两个国家：利比里亚、阿比西尼亚（今埃塞俄比亚）。

（二）中阿同呼吸共夺冠

十年内同遭野蛮入侵，

建国前八年确立友谊——

外交史上的"冠军"，

百科全书中的奇迹。

悄悄话，

心向心，

从艳阳高照流到月色绮丽：

互谢在联合国牵手相助，

同贺大油田雄伟，

共享轻歌剧细腻……

这首诗写于 2008 年 11 月 5 日从阿首都植物园到中国承包的东西高速路工地途中。阿尔及利亚 1830 年、中国 1840 年分别遭外敌入侵。阿尔及利亚 1962 年建国前八年，中国即支持阿民族解放斗争。在联合国，中阿一贯相互支持。吴邦国委员长昨与阿总统谈心近三小时，涉及能源合作、大剧院共建、国际热点、风土人情……这是我 44 年外交生涯中见过的时间最长的高层愉快交谈。阿尔及利亚音乐以优雅缠绵见长。

(三) 静夜思

世道有点离奇：

大款狠占穷光蛋的便宜，

智者挥霍尚未印刷的货币。

唤醒《资本论》的记忆吧！

它百多年褒贬过的资本依然神奇：

能颠覆陈旧的生产模式，

又赤裸裸厚颜无耻……

  这首诗写于 2008 年 11 月 4 日午夜，记与非洲同事议论美国金融危机对发展中国家的影响。马克思恩格斯论印度时说，殖民主义为印带去了新的生产方式，同时毫无廉耻可言。

(四) 丰碑

中国心目中，非洲淳朴；

非洲心目中，中国真诚。

没有甜言蜜语，不是迷离风景。

是辛勤劳动、悲壮牺牲。

黄金买不到的品格、

法律难比拟的准绳。

  这最后一首诗，为 2006 年 6 月 23 日访非途中有感。

代表阿尔及利亚常驻中国的岁月

哈桑·拉贝希（阿尔及利亚前驻华大使）

今年恰逢阿尔及利亚与中国建交60周年。这一珍贵的重要纪念日对阿尔及利亚人和我们的中国朋友而言，无疑都具有重要意义。60年来，随着双方在政治、经济、文化等领域合作的展开，两国友谊不断深化。我们的父辈、祖辈们曾共同肩负使命、担当领导职责，为实现目标并肩同行。多位优秀外交官接连赴华担任阿尔及利亚驻华使节，他们有的已离世，有的退休，还有的依然在岗位上奉献。

我在中国的每一位同事都赞扬中国人民伟大、守法、慷慨、有文化、敬业、爱国，对阿尔及利亚怀有特殊情谊。还有很多同事也强调，他们在常驻对象国与共事的中国外交官们建立了深厚友谊，彼此对各种事务的立场观点也十分接近。

我自认为是一名幸运儿，能在2010年11月至2016年2月间担任阿尔及利亚驻华大使。在此之前，我对中国并不陌生，她有举世闻名的悠久历史和灿烂文明，中国政府和人民曾在阿尔及利亚独立战争和建国期间给予阿尔及利亚人民大力支持。而且，我还曾在外交部中国合作司任职过一段时间。1996年，我有幸作为阿尔及利亚—中国联合委员会第五届专家代表团团长首次访问中国。当我作为驻华大使再次回到中国时，这个国家的变化让我大吃一惊：原来的空地和旷野变成了医院、现代化的城市、公路、美丽的建筑群。阿尔及利亚人民为中国人民取得的成就、实现的发展进步感到骄傲。对中国的全面复兴和人民体面的生活，我感到由衷的赞赏。

记忆篇

2013年12月13日,"发展中非关系的里程碑——纪念周恩来率中国政府代表团访问非洲50周年"展览在北京开幕。图为出席开幕式的哈桑·拉贝希大使与中国前外长李肇星亲切交谈。(供图:中新社)

在中国地方政府、企业和当地朋友的热情邀请下,我游览了中国的大部分地区,对这个美丽国度及其古老的文明、友好的人民的认知不断加深。由于领导人的英明、坚决、不懈奋斗和卓越眼界,中国的建设事业和各领域发展都取得了巨大成功。言语根本不足以描述中国人民的忠诚、慷慨、素质和能力。

我任职期间,在深受中国政府和人民爱戴与赞扬的阿卜杜勒·阿齐兹·布特弗利卡总统阁下的指示下,实现了预期目标,取得了真正收获。我结识了中国不少心怀赤诚的重要人物和普通百姓,还与外交官和外交使团团长等同仁结下了友好关系。我要向中国领导人、政府、人民、外交人士表示感谢和赞赏,他们与外交使团的合作、对阿尔及利亚使团的特别关照,为我的外交工作提供了极大便利,让我觉得自己身处第二故乡。这段时期里,两国关系在各领域都实现了长足发展,两国签署了一

2015年9月1日，中国全国政协主席俞正声在北京会见阿尔及利亚民族院议长本·萨拉赫，哈桑·拉贝希大使（左1）陪同出席。（供图：中新社）

系列重要协议，双边贸易、政治和经济合作取得显著进步，学术科研机构间交流不断扩大，民间交往愈加频繁，特别是在国民议会阿中友好小组和中国人民对外友好协会的支持下，双边关系不断深化。

我不会忘记我的妻子，她为支持我的事业，在社会和文化领域积极努力，帮助我加强与外交官们的合作、友谊、共事关系，与他们交流经验，探讨如何加强与中国社会各领域的联系并使之有效运转、实现互惠。她为支持大使夫人协会的活动而提出了积极倡议，始终重视自己身为阿尔及利亚女性代表的形象，为自己在诸多场合赢得了赞美与尊重。除了与阿尔及利亚侨胞和一些中国代表保持长期联系外，我的妻子还承担了许多工作，特别是组织使馆招待会、参加中国的各类活动、参加阿拉伯使团和非洲使团举办大使夫人活动等。

作为非洲大使夫人协会的一员，她为非洲统一组织50周年纪念活动的成功举办作出了重要贡献，发挥了核心作用。此外，她还承担和组织了一系列推介非洲文化遗产的活动，并与同事们共同编写了一本介绍非洲各国烹饪的著作。在她的倡议下，阿拉伯驻华大使夫人协会在阿尔及利亚驻华大使府邸举办了一场慈善活动，此次活动的收益被用于协会从事慈善公益事业，如支助中国的孤儿院、残疾人安养院、肿瘤医院等，以贯彻其崇高的宗旨。这次慈善活动名为"阿拉伯早茶"，中国全国妇联国际部代表、各界女性代表、杰出女性代表、阿拉伯国家及其他国家的大使夫人们出席了活动，阿拉伯各国特色名菜缤纷登场。阿尔及利亚大使夫人向到场嘉宾介绍了阿尔及利亚的风俗传统与民间文化。阿尔及利亚驻华大使官邸内专设了一间厅堂来收藏阿尔及利亚的著名工艺品，如传统盘子和传统服饰。到场嘉宾还体验了阿尔及利亚的古老游戏"布卡拉"，这项游戏至今依然是妇女们聚会时用于娱乐或预测运势的活动。

值得一提的是，我的妻子与中国媒体建立了稳固的关系，她时常在一些出版物上发表文章。在文化活动方面，她常受其他大使夫人和中国女性知识分子的邀请举办讲座，任何场合下她都不忘记推介阿尔及利亚及其文化。另外，她还是一位医学博士，并在北京大学获得了中国传统中医学硕士学位。回到阿尔及利亚后，她重回原公司，利用中医知识为客户服务。

走进非洲

杨文昌 （中国外交部前副部长）

杨文昌近照

一名中国外交官，

走遍了非洲大地，

体验黑色的文化，

传播东方的友谊。

非洲，

美丽的大地！

东非高原四季常青；

西非海岸炎热多雨；

南非两洋交汇烟波浩渺；

北非大漠驼队无限神秘。

维多利亚瀑布飞花百尺,

尼罗河一泻千里,

茫茫东非草原百兽起舞,

浩瀚大湖侧畔花香鸟语。

啊!美丽的非洲,

太阳的七色光辉洒满了

每一寸土地!

非洲,

富饶的大地!

东部非洲:

肯尼亚红茶飘香;

埃塞俄比亚咖啡浓郁;

赞比亚黄铜闪闪;

坦桑棉田一望无际。

西部非洲:

尼日利亚地广人密;

刚果河川流不息;

安哥拉堪称宝藏大国;

几内亚湾地下资源丰富之极。

南部非洲:

南非资源丰富,

那里气候宜人、风景秀丽；

纳米比亚海岸碧蓝；

津巴布韦到处是肥沃的耕地。

北部非洲：

阿尔及利亚油气滚滚；

摩洛哥是欧洲"驴友"的圣地；

埃及的亚历山大港，

乃是连接欧非大陆的战略要地。

啊！富饶的非洲，

为什么总和贫困联系在一起？

非洲，

苦难的大地！

密密麻麻五十多个国度，

无处不留着殖民者的痕迹。

被废弃的矿井在诉说淘金者

的贪婪，

冰冷的石窟见证了奴隶贩子

残暴至极，

殖民者以炮弹的弧迹划分国界，

人为地分割了传统部族的格局，

种族矛盾的种子深深埋下，

大小战争此伏彼起。

传染病像催命小鬼，

把上百万贫苦人押往地狱。

啊！苦难的非洲，

同属一个地球，

你为何成了最不受青睐的兄弟？

非洲，

友华的大地！

我走遍非洲每一个角落，

黑哥们儿始终把我看作自己的兄弟，

这并非血缘相亲，

而是共同的命运

把我们连在一起。

20世纪中叶，

中国始终支持非洲国家民族独立；

在自己还很困难的情况下，

中国慷慨解囊援助黑人兄弟。

非洲国家，

在国际舞台上坚决与中国站在一起，

1971年非洲兄弟把中国抬进联合国，

就是铁一般的证据！

21世纪初，

"中非合作论坛"正式建立，

政治上相互支持，

经济上合作共赢，

始终是论坛的主旋律。

共商共建共享，

弘扬国际合作新理念，

搭建亚欧非共赢新桥梁，

让我们大胆想象：

阿尔及尔和亚历山大港，

也许是"一带一路"向非洲大陆

延伸的始发地。

非洲，

希望的大地！

民族要复兴，

希望在自己；

资源待开发，

发展重教育。

让我们大声疾呼：

醒来吧，沉睡的巨人，

奋起追赶时代的步履！

十四亿中国兄弟，

将永远和你们在一起！

让我们共同祝福：

当非洲腾飞之时，

将是五彩光环普照全球之际！

阿尔及利亚与中国：
密切的关系与灿烂的未来

艾哈桑·布哈利法（阿尔及利亚驻华大使）

当得知自己被任命为阿尔及利亚民主人民共和国驻中华人民共和国大使的时候，我沉浸在巨大的喜悦之中。主要有两个原因：一是委派我前往这个伟大的国家任职表明了阿尔及利亚总统阿卜杜勒·阿齐兹·布特弗利卡对我个人的高度信任，我非常引以为荣；同时，这也表明我将肩负着重大责任，因为我将出使的是一大友邦，她与我们在各领域都建立了良好卓越的关系。中国是阿尔及利亚的第一大经济伙伴，两国领导人都一直期望双边关系得到进一步提升和发展，这激励着我夜以继日地工作，不懈地去实现这一崇高目标。第二个原因是我在大学期间、在外交部工作期间对这一友邦的认识和了解。这个伟大友邦的国际地位和影响、悠久的历史、雄厚的经济实力、在国际重大问题上负责任的立场，以及她支持解放运动、援助正义事业的壮举，都促使我们的外交官（包括不直接负责中国事务的部门的外交人员）关注这个国家。

中华文明是世界上最古老的文明之一，几千年从未间断，它始于夏朝（约公元前 2000 年），历经了公元前 221 年统一六国的秦朝，直至 1911 年最后一个王朝——清朝灭亡，再到中华人民共和国的成立。1949 年，伟大领袖毛泽东宣布在中国共产党领导下的中华人民共和国成立，宣告了中国革命的胜利和社会主义建设的开始。中华文明毫无疑问是为人类发展作出最多贡献的文明之一，只需提到中国是造纸术和印刷术的发源地就足以说明——这两项发明是科学与文化的支柱。

很小的时候，我就接触到中华人民共和国的思想和知识，包括中国革命、中共领袖毛泽东的生涯、中国共产党的巨大成就——从过去到现在，这些都在全世界引起反响。大学阶段，我阅读了有关伟大的中华文明及其发展阶段的书籍，尤其是有关中国儒家学说和道教、佛教等宗教哲学，以及介绍先贤思想、反映中国生活方式和独特文化的书籍，从而更进一步加深了对中国的认识。阅读中国古典四大名著（《水浒传》《三国演义》《西游记》《红楼梦》）让我很享受并收获良多，它们是中国文学繁荣的范例，属于世界最重要、最古老的经典小说之列。

我不仅自己接受这类知识，还将它传授给我在阿尔及利亚高等政治学院的学生（研究生），他们对中国人民自古以来的伟大成就、为人类进步作出的巨大贡献怀揣尊重和敬意。每次给大学生和外交部的青年外交官作讲座时，我都强调非常有必要了解中国成功改革的模式。自1978年以来，中国一直坚持实行改革开放，短时间内成为世界最强大的经济体之一，中国人民用自己勤劳的双手制造了其他任何国家都未能实现的成就。这是所有寻求发展进步的国家都应该效仿的典范。

被派遣到这样一个伟大的国家任职，让我有机会通过切身体会、与伟大的中国人民交往来加强理论认识——我由衷地尊敬和赞赏他们。2016年5月17日对我而言是一个特别的日子，我有幸得到了习近平主席的接见，作为阿尔及利亚民主人民共和国驻中华人民共和国特命全权大使向他递交国书。我在这次会见中转达了阿尔及利亚总统阿卜杜勒·阿齐兹·布特弗利卡对习主席的问候、愿友好的中国及其人民更加繁荣进步的美好祝愿。

我非常高兴能够作为阿尔及利亚在这一伟大文明古国的代表。在中国，无论是首都北京或其他任何城市，每到一处，都会发现这里弥漫着历史的气息。充分体现着中国古代艺术水平的陶器、玉器、青铜器皿（在古代各种庆典上使用，其历史可追溯至数千年前），在考古过程中不断

记忆篇

习近平主席接受艾哈桑·布哈利法大使递交国书后,与他合影留念。

被发掘出来。

中国拥有许多重要的历史名城,如西安,既是古都,也是著名的丝绸之路的第一站。中国有一些人口以百万计的大城市和国际都市,如北京、香港和上海等,这些城市在经济、文化上产生了重大影响。这些城市规划严谨、建筑精美,这促使我推动阿尔及利亚与中国的城市官员签署联谊协议,加强双方合作。

中国的自然环境由于幅员辽阔而具有多样性的特点,因为广袤的疆域之内地形复杂,各地气候迥异。例如,应对内蒙古的荒漠化是政府的一项艰巨工作,也体现了中国人在自然界各种困难和挑战面前的顽强不屈。我有机会作为阿尔及利亚代表参加了2017年9月在美丽的鄂尔多斯举办的《联合国防治荒漠化公约》第十三次缔约方大会，了解了这一努力的结果之一——该地区的干旱沙漠已经变成了绿色的花园和森林。

中国有56个民族，其中最大的民族是汉族，占总人口的90%以上；其他还有壮族、满族、回族、苗族、维吾尔族、黎族、土家族、蒙古族、藏族、白族等，这些少数民族各自不同的传统习俗让中国文化更加丰富多彩。通过走访中国各地，我感受到了中国文化的多样化和丰富性，受到了各族人民热情慷慨的款待。在中国，不同地区和民族的服饰各不相同。我看过许多来自不同城市的团队带来的文艺表演，都反映了这个伟大国家悠久的历史，是真正精彩绝伦的艺术展示。

中国最重要的古老艺术之一就是书法艺术。书法和汉字是中国文化瑰宝中不可或缺的部分。你到任何省市、任何地方，或参加任何活动，都能发现这项艺术的存在。

中国音乐也是最重要的艺术种类之一。如今，中国古典音乐仍然是一项丰富的遗产，其形式也被改编得更为现代。著名的舞龙是一项重要的文化传统，在世界各地的春节庆祝活动上都能看到。有特色的中国艺术还包括几个世纪以来都广为流传的戏剧艺术，尤其是京剧。

说到中国的烹饪艺术，我曾受几个中国朋友邀请在多个场合品尝过中国美食，我很喜欢中国丰富多样的美食。这是一项古老的艺术，具有几千年历史，涵盖多个菜系，其中不少已经传播到世界多地，广为人知。川菜是最著名的菜系之一，其烹饪依靠辛辣调料，菜肴十分诱人；鲁菜的特点是大量使用葱蒜，多食海鲜；而湘菜偏爱在菜肴中加入辣椒。此外，还有许多其他别具特色的菜系，这里无法一一列举。中国有享誉世界的特色美食，比如"饺子"，它是北方最著名的美食之一，有接近2000年的历史。这道美食是中国新年除夕的重要食物。北京烤鸭是北京最有特色、广受欢迎的菜肴之一，以独特可口的味道而闻名世界。春卷在江

1963年4月6日,中国向阿尔及利亚派出首支医疗队,这也是中国向非洲派出的第一支医疗队。

西、江苏、上海、福建、广州、深圳和香港都广为流传。麻婆豆腐是川菜中最受欢迎的一道菜,其历史可以追溯到很久以前。这些菜肴只是中国菜的部分代表。

我非常高兴将在2018年12月庆祝阿尔及利亚与中国建交60周年。双方独特的关系历久弥坚,这一庆祝活动将表达我们心中对中国的高度赞赏和尊敬,因为她历来采取的公正立场,也因为在我们进行解放战争时和独立之后她给予我们的支持。中国派遣的首支援外医疗队到达的地方就是我的故乡。每天早上,我都会看到大使馆墙上挂着的一幅照片,是1963年到达阿尔及利亚的医疗队部分成员的合影,它提醒着我阿尔及利亚与中国之间牢固的兄弟关系和特殊情谊。

等到每天工作结束,离开办公室回到住所时,我在正门口见到的第一样东西就是毛泽东主席在阿尔及利亚驻华大使馆开馆之际赠送的大理石桌。我们非常珍惜这件礼物，它向每任阿尔及利亚驻华大使表达了祖国与这个大国的坚实关系，它是来自中国革命之父的纪念物，是对各国人民革命的启示。在中国的外交工作充实而丰富，世界上绝大多数国家在北京都有外交机构。这个友好的国家是国际舞台上活跃的一分子，是联合国安理会常任理事国，也是大多数国际组织的成员。同时，中国还承建了遍布世界各地的大型工程，尤其是习近平主席提出的"一带一路"倡议，已经取得并正在继续取得卓越的成果。就与我国的合作关系而言，中国是阿尔及利亚第一大经济合作伙伴，双方在2014年建立了全面战略伙伴关系。两国领导人在各种共同关切上长期保持沟通协调，双方有着频繁的人员和经济往来，寓示着两个友好、关系稳固的国家间充满希望和光明的前景。

尽管我的日常工作安排很紧张，但到这个国家后我努力做的第一件事就是学习中文。中文是一门优美的语言，让我能够在与中国人的日常交往中建立牢固的关系。学习中文一年半以后，受中国出版集团的邀请，我参加了2017年8月北京国际图书博览会期间举办的有关翻译中文图书的研讨会。这次会面中，我有机会谈论了自己学习这门优美语言的经历，它无疑加深了我与这个亲爱的国家之间的关系。

来到中国以后，我一直热心于加强与中国重要机构在人文交流层面的关系，使之得到应有的重视。阿尔及利亚大使馆参加了中国方面组织的大多数文化活动，并一直重视与阿尔及利亚学生共同参加由各高校组织的文化活动以及各省市举办的经济活动。

大使馆也组织了一些活动，如庆祝阿尔及利亚独立日，以及为五名中国大学教授、院系主任颁发荣誉，以表彰他们撰写有关阿尔及利亚革命和阿中关系的精彩文章。

2017年12月11日是阿中关系在航天科技领域开花结果的重要日子，我有幸和阿尔及利亚研究人员、航天局的工程师等一起在北京西

2018年7月11日，中国国务委员兼外交部长王毅（右2）在北京同来华出席中国—阿拉伯国家合作论坛第八届部长级会议并访华的阿尔及利亚外长梅萨赫勒（左2）举行会谈。布哈利法大使（左1）参加会谈。（供图：中新社）

南2200公里外的西昌卫星发射中心见证了阿尔及利亚一号通信卫星发射升空的过程。这一成功在阿尔及利亚和中国引起了巨大反响，阿卜杜勒·阿齐兹·布特弗利卡总统和他的兄弟习近平主席在这一喜庆时刻互相致以最热烈的祝贺。

我非常高兴能够见证阿中关系的不断发展，愿意为此作出贡献，并充分准备着继续与中国朋友们一起努力发展双边关系。我们面前的各种机会非常多，合作的潜力十分巨大，双方领导层有着强烈的意愿要促进两个友邦间更长远的合作。因此，我们要做的就是努力工作，达到这一崇高目标。

从递交国书的特殊安排看
中阿两国的特殊情谊

杨广玉（中国驻阿尔及利亚大使）

翘首期盼中国大使

2014年5月，我准备赴阿尔及利亚上任，担任中国驻阿尔及利亚大使。正在考虑上任日期时，我以前欧洲司的同事、时任驻阿使馆政务参赞安青给我打来电话，一是向我表示祝贺，二是催我尽快赴任，说驻阿外交使团不少其他国家的大使都盼着我早日上任。因为布特弗利卡总统从2013年4月中风以来几乎不再公开露面，那时已经有三四十位大使到任了，却迟迟没能递交国书。他们都知道中国是大国，而且中阿关系非同一般，总统府一定会想办法安排中国大使递交国书，到时候他们也好搭顺风车"蹭递"国书，"名正言顺"地当这个大使。

到馆后一周，阿外交部礼宾总司便告知我6月21日向时任外长拉马拉递交国书副本。递交完国书副本后，还没等我问，拉马拉外长便主动跟我说："阁下递交了国书副本，就已经被视为特命全权大使了，可以自由对外交往，外交部会尽快安排您向总统递交国书的。"我当时心想，他既然这么主动，应该不会等太久吧。可过了两个月，却没有任何消息。

总统府的承诺

8月，阿总统府偶然得知我还未能递交国书，便决定直接干预。没过多久，我便接到了总统府典礼总局局长的电话，那时他正在外地休假，

记忆篇

2018年9月5日,中国国家主席习近平在北京人民大会堂会见阿尔及利亚总理乌叶海亚。(供图:中新社)

专门打电话跟我确认递交国书的时间,让我作好准备,说这次总统府是特事特办,专门为我一个人安排递交国书。放下电话,他立刻中断休假赶回首都。

为了体现对阿方特别安排的重视和感谢,到了说好递交国书的那天,我一早就换好正装在办公室等着,随时准备赴总统府递交国书。但一上午过去了,却没有任何消息。我和安青参赞都觉得有些奇怪,不断地向对方打探消息,最后阿方一直拖到傍晚才通知活动取消了。

后来,我在私下里得知,原来当天外交部礼宾总司一直在同总统府典礼总局进行交涉,礼宾总司强烈反对总统府不顾各国使节先来后到的顺序,单独为我一人安排递交国书,认为这不仅不符合国际外交惯例,

049

杨广玉大使（左2）应邀出席阿中友协2016年年会暨阿中友协成立十周年纪念大会。左3为阿中友协主席伊斯梅尔·达布什。

还会引起其他国家大使的强烈不满，引发"众怒"，严重损害阿国际形象，甚至可能引发外交纠纷。最后协商的结果，是外交部和总统府各退一步，在两周后开始安排所有未递交国书的大使集体递交，并巧妙地把我"加塞"安排在了第二批里。10月27日，我同2013年即到任，也就是比我早到任一年多的塞内加尔、巴西大使一起递交了国书。

一位大使同行的"醋意"

生活中总有意外的插曲，这次也不例外。布特弗利卡总统克服身体不便，断断续续在一个多月的时间里接受了各国大使的国书。绝大部分国家的大使都因搭了中国大使的顺风车递交了国书感到高兴，但一位南欧国家驻阿大使却似乎不怎么领情，起码对我是这样的。这位大使是一个典型的南欧人，长得文质彬彬，而且开朗健谈。我刚到时曾专门去拜访过他，后来也多次在招待会等场合碰到。也许是因为我上任后主动拜访了他，他感觉很有面子，每次见到我都非常热情，都会称赞中国，说中国发展多么迅速、多么好，值得世界学习。他还告诉我，他女儿当时就在上海一家欧洲公司实习。可就在我递交完国书后，他突然不理我了，每次活动碰到不但不打招呼，而且还似有意装作没看见。

后来我才了解到，他到任比我早半年多，但递交国书时我却"加塞"超过了他，我递了，他还在等，所以心理不平衡。好在过了一段时间，他也把国书递上去了，这才慢慢地解开了心结，又跟我"和好如初"。

时至今日，每当回想起这段趣事我仍觉得感慨良多。在我看来，递交国书虽只是我刚到阿尔及利亚时的一段小插曲，却凸显了阿最高层对中国的特殊友好感情、对两国合作的重视及对中国大使的殷切期望。

铁肩担使命，携手谱新篇

刘玉和
[中国人民外交学会前副会长，前驻阿尔及利亚、突尼斯（兼驻巴勒斯坦）大使]

时间过得真快，转瞬间离开阿尔及利亚已三年多。蓦然回首，出使阿国六载，许多难忘经历至今历历在目。

我于 2008 年 4 月 28 日抵达阿尔及尔，出任中国驻阿尔及利亚第 14 任大使。此前我曾到中国驻阿使馆出差，这算"二进宫"，对使馆的环境和人员并不陌生。抵馆时，使馆当地雇员司机一眼就认出了我。来馆之前，我出使突尼斯四年多。阿突毗邻，两国有着千丝万缕的联系。我对阿国情和中阿关系一直关注，抵阿后即投入了工作。5 月 7 日，向梅德西外长递交国书副本；5 月 13 日，向布特弗利卡总统递交国书。至 2014 年 5 月 18 日离任回国，我在阿六年有余，每天忙忙碌碌，辛苦并快乐着。这是我外交生涯中最难忘的一段时光，可以说，满满的都是美好回忆啊！

患难见真情

周恩来总理曾将中阿友谊称为"患难之交"。我通过几年在阿工作的亲身经历，特别是同阿各界人士的密切接触，回过头来品味总理的话，感到总理对中阿关系的概括可谓"点睛之笔"。

近半个世纪以来，中阿友好关系不仅在两国传为佳话，而且在中国与阿拉伯、中国与非洲关系史上也留下了浓墨重彩的篇章。

上世纪 50 年代，阿人民为争取民族独立进行了长达八年之久的武

1971年10月25日，第26届联大以压倒多数通过了恢复中华人民共和国在联合国的一切合法权利的提案。阿尔及利亚为提案国之一。上图为飘扬在联合国大厦前的五星红旗，下图为提案通过后代表们热烈鼓掌祝贺。

装斗争。1958年9月19日，阿尔及利亚临时政府宣告成立后的第三天，中国即宣布承认阿临时政府。中国是第一个承认阿临时政府的非阿拉伯国家，并给予了大量的物质和道义支持。同年12月20日，两国正式建立外交关系。这段历史在阿人尽皆知，从官方到民间，中国人经常听到阿尔及利亚朋友讲述这段历史。阿独立后，中国于1963年向阿派出第一支援外医疗队，开启了中国对外医疗合作的新纪元。2003年，阿布迈德斯省发生了强烈地震，造成重大人员伤亡和财产损失。中国迅速派出救援队，这是中国首次向国外派出救援队。

对中方来说，中国政府和人民永远不会忘记著名的"两阿提案"。1971年10月25日，第26届联合国大会审议通过了第2758号决议，这就是由阿尔及利亚、阿尔巴尼亚等23国提出的恢复中华人民共和国在联合国组织中的合法权利的提案。记得有一次，布特弗利卡总统会见我时，我告诉他，中国访阿代表团都要提及"两阿提案"，感谢阿方，是因为中国的先贤告诫后人：人之有德于我也，不可忘也；吾有德于人也，不可不忘也。中国几千年的文化传统已经融入中国人的血液，成为中国人的基因。总统回应说："阿尔及利亚拥有同样的文化和传统，所以阿中两国人民志同道合，心心相印。"我曾与总统多次会面，不仅谈两国关系、天下大事，还可以聊家常。总统既有政治家的雄才大略，高瞻远瞩，又如兄长一般和蔼可亲，平易近人，他经常愉快地回忆起访华时的见闻。他和中国几代领导人结下了深厚友谊，不仅是中阿患难之交的缔造者，也是推动者和发展者。

2008年中国汶川地震后，阿政府和人民感同身受，给予中国灾区慷慨援助。布特弗利卡总统向中国领导人发出慰问电，阿总理、民阵总书记贝勒卡迪、国民议会议长齐阿里、民族院议长本·萨拉赫等领导人和各界朋友纷纷来中国驻阿使馆吊唁汶川地震遇难者。

中阿两国和两国人民之间的这种感人故事不胜枚举。举一个小例子。我到任不久，使馆办公室同事告诉我，有一位阿老战士托人给使馆送来一头野猪，分文不取，也未说明缘由。时隔几个月，我才解开这个谜。那是在一场招待会上，我偶遇一位阿老战士，得知我是中国大使后，他向我谈起野猪之事，我才恍然大悟。这位老战士在反殖斗争期间曾多次身负重伤，他始终感激中国援助的药品挽救了他的生命。他曾多次到中国使馆做客。近年来，由于年事已高，腿部留下的旧伤使他行走不便，难以亲赴中国使馆，故托人送给中国使馆一头野猪，以表达他对中国人民的深情厚谊。

我在阿工作期间，访问了40多个省，不论在地中海之畔的大都市，还是撒哈拉沙漠腹地的小乡村，经常会遇到阿尔及利亚朋友主动上前用中文打招呼："你好！"日本和韩国大使多次向我抱怨说，他们在街上散步，经常被当成中国人。这从一个侧面反映出中阿兄弟情谊根深叶茂，深入人心。

国之交在于民相亲，民相亲在于心相通。中阿之间业已存在的友好民意基础，为两国友好合作关系的不断提升创造了有利条件。2014年2月24日，中国和阿尔及利亚政府宣布建立全面战略伙伴关系。这是在中阿两国建立战略合作关系十一周年之际，中国国家主席习近平和阿总统布特弗利卡准确把握国际形势和两国关系发展新趋势，作出的一项重大战略决策，使中阿关系实现了历史性跨越。这期间还有一段鲜为人知的故事，由于布特弗利卡总统健康原因，中阿两国领导人短期内无法实现互访，如何将两国关系提升为全面战略伙伴关系，成为两国亟待解决的课题。经双方协商，两国元首决定背靠背签署联合声明。

建立全面战略伙伴关系是两国关系史上又一创新之举，对全面提升中国和阿拉伯国家的关系发挥了重要的引领和示范作用，开创了中国与阿拉伯国家关系的新局面。此后不到两年时间，我们高兴地看到，中国同埃及、沙特阿拉伯等国也建立了全面战略伙伴关系。

天堑变通途

2008年，中阿迎来建交50周年。这是"知天命"之年，中阿两国友好合作关系进入快车道。由中国公司承建的一批被誉为"世纪工程"的民生项目正在如火如荼建设中，中国公司承建的项目遍布阿40多个省，其中阿尔及利亚东西高速公路项目最令人瞩目。公路全长1216公里，东连突尼斯，西接摩洛哥。这条公路既是阿尔及利亚北部的主要交通大动脉，也是北非地中海沿岸国家的战略要道。中国公司承建的几个标段全长528公里，其中M3标段是全线最难啃的"硬骨头"，要建造110座桥隧、15座高架桥和45座总长度5公里的大型桥梁。工程横跨布依达、布迈德斯两省，穿越群山峻岭，地质复杂，不利于施工。该地区也是安全形势最为严峻的地区之一。

2008年5月13日，刘玉和大使向布特弗利卡总统递交国书。

中国铁建素有"铁军"的美誉，任何复杂艰难的项目也难不倒这支能打硬仗的队伍。然而，这次他们真犯了愁。由于施工地区安全形势严峻，阿军方严格控制炸药的使用。中国公司原计划每天实施两次爆破，实际情况是每周一次都难保障，严重影响了工程进展。巧妇难为无米之炊，他们从公司层面多方做工作，却始终未找到妥善的解决办法。最后，他们找到了中国大使馆，当时我尚未递交国书。但时间不等人，时间就是效率。我决定立即亲赴工地考察，以便在同阿方交涉前掌握第一手情况。没有调查就没有发言权，更没有决策权。

来到工地，首先引起我注意的是隧道入口处摆放着的一排被磨平的钻头。我不懂工程，但即使作为外行人，从施工设备的损坏程度亦可对施工难度略知一二。据专家介绍，该地段地质情况复杂，多次发生山体滑坡。隧道内围岩多为破碎页岩，其特点是遇风易化，见水就塌，破裂成土。施工难度之大可以想见。如果炸药问题得不到及时解决，工程将严重滞后，并将影响全线的贯通。M3标段很可能成为"卡脖子"标段。由于炸药的管理、运输、使用等环节涉及阿军、警、宪和多个省部委，协调难度很大。实地考察后，我对施工的难点有了较深入的了解，并开始谋划破解之策。

5月13日，阿总统府典礼局安排我向布特弗利卡总统递交国书，我同总统进行了亲切友好的交谈。我知道总统特别关心东西高速公路项目，便充分利用这次机会深入做总统工作，向总统报告了工程进展情况和遇到的困难，恳请总统指示有关部门全力解决施工所需炸药问题，以确保工程按计划推进。总统认真听取了我的汇报，当场指示总统府办公厅主任和外交部长务必协助解决。在总统的亲自推动下，不久即传来好消息：阿方在施工所在省新建了一个临时炸药库，可及时提供施工所需炸药，为工程顺利推进奠定了重要基础。

2012年4月14日，阿东西高速公路M3标段举行通车仪式，标志着由中信—中铁建联合体承建的阿东西高速公路中西标段全线通车。阿多位部长、省长及当地上千名群众出席仪式，共同见证了这一重要历史时刻。正可谓"中阿携手创奇迹，敢叫天堑变通途"。

唱响主旋律

中阿友谊源远流长，经受住了时间和国际风云变幻的考验。两国老一辈领导人为两国友好合作关系奠定了坚实基础，这是留给年轻一代最宝贵的财富。在新的历史时期，中阿友好关系要与时俱进，不断丰富战略合作内涵。中阿友谊大厦离不开两国各界人士添砖加瓦。两国政府的重要任务是为两国企业合作搭建广阔平台，推动两国企业家扮演好主角，唱好大戏。在双方的共同努力下，两国在政治、经济、文教、卫生、军事等领域的合作不断取得新发展。

如何推动两国友好合作持续发展，将中阿传统友谊薪火相传，是我经常思考的问题。我和使馆同事以及阿中友协朋友多次共同协商，大家一致认为，开展评奖活动是个不错的主意。通过评奖活动，可以树立榜样，弘扬中阿友好合作正能量，为两国合作注入新动力。

我任期内举办了两次评奖活动。第一次是2011年12月，中国使馆和阿中友好协会、阿中资企业协会共同筹办"中阿合作杰出贡献奖"评选活动。此次活动得到了阿有关方面和中国在阿企业的广泛关注和大力支持。阿全国工商会主席科利勒、阿中友协主席达布什、中阿各界企业家代表以及多家阿主流媒体记者共150余人出席活动。

经过自荐、推荐、评选等多个环节，最终评选出十佳项目和五位阿尔及利亚获奖者。十佳项目包含工程承包、投资和经济技术合作等多种合作形式，涉及公路、铁路、住房、电信、水利、酒店等多个领域，既有中建、中石油、中石化等大型国有企业，也有华为等民营企业，充分体现了两国经贸合作范围广、领域宽、形式多样的特点。五位阿尔及利亚获奖者中，有专家学者，也有企业家，他们既是中阿友好合作的见证者，更是杰出贡献者。

第二次评奖活动于2013年由中国使馆同阿中友协联袂举办，评选出中阿双方各十名对中阿友谊作出积极贡献的获奖者，这次评选活动正值中阿建交55周年。12月5日，中国使馆举行庆祝中阿建交55周年招待会暨"中阿友谊贡献奖"颁奖仪式。阿国民议会阿中友好小组主席拉特雷谢、阿中友协主席达布什、中阿获奖人员，以及阿工商、媒体、学术等各界人士、中资企业代表共百余人出席。

20位获奖者中既有著名学者、商界翘楚，也有在平凡岗位上默默为中阿友谊耕耘奉献的普通劳动者。我在致辞中高度赞扬并感谢20位获奖者在各自岗位上为增进中阿相互了解、促进务实合作作出了不平凡的贡献；同时强调，正值中阿两国建交55周年之际，举办"中阿友谊贡献奖"评选活动具有特殊意义。回顾历史，展望未来，我们高兴地看到，中阿友谊历久弥坚，深入人心；中阿各领域合作成果丰硕，互利共赢；中阿关系进入大跨越、大发展的快车道。相信两国友谊必将世代传承，中阿携手定会创造更加美好的未来。

相知无远近，万里亦为邻。中阿两国相距遥远，两国人民却亲如兄弟，同甘共苦。中国是最大的发展中国家，阿尔及利亚是非洲和阿拉伯世界面积最大的国家。中阿同属发展中国家，历史上曾经历同样的遭遇，如今面临谋和平、求发展、惠民生的共同任务。中阿政治上高度互信，为推动两国务实合作发挥了"风向标"作用。平等相待、优势互补、合作共赢的共同理念，为两国合作注入了强大的动力，开辟了广阔空间。2003年，中阿双边贸易额近7.5亿美元；2013年达到80亿美元，增长了10倍。中国成为阿最大进口来源国。"中国制造"已走进阿民众的日常生活，中国品牌的汽车、家电等产品倍受阿民众熟悉和喜爱。中国与阿签署各类承包合同额累计达450亿美元，阿是中国在西亚北非地区最大的工程市场之一。中国企业完成了多个享誉四方的"世纪工程"，赢得阿各界好评。2013年12月，中阿签署航天合作协议，将两国关系推向"新高度"，中阿合作的丰硕成果成为双边关系的"压舱石"，堪称南南合作的典范。

方寸见证历史

小小邮票，方寸之中，博大精深，见证历史。阿尔及利亚邮政总局曾多次为中阿关系中重大事件发行纪念邮票。我亲身经历过两次。

第一次是在2013年4月，为纪念中国向阿尔及利亚和非洲派遣医疗队50周年，阿邮政总局设计发行纪念邮票，中方印制并设计制作了小型首日封和纪念邮折。

邮票图案以非洲地图为背景，中间是"蛇绕拐杖"，两侧是中阿两国国旗呈翅膀形状，"蛇徽"顶部是太阳光芒四射，寓意中国的白衣天使给非洲大陆带来光明与希望。

许多国家将"蛇绕拐杖"作为医学标记，人们称之为"蛇徽"。据古希腊传说，神杖表示云游四方、为人治病之意，灵蛇则是健康长寿的象征。

细心的人会问，为什么这枚纪念邮票是双蛇？原来，2013年恰逢中国农历蛇年，设计者将中外文化完美结合，生动展现了中阿和中非之间的友好合作。

50多年来，中国共向阿派遣了24批医疗队、3100多名医疗队员。我在阿期间，经常听阿友人说，中国医生为其治过病。有的人出生时还是中国医生接生的。最令阿患者感到神奇的是针灸疗法。针灸是中华民族传统医学的瑰宝，它以中国古代医学知识和临床实践为基础，运用人体经络穴位理论治疗疾患、促进健康，是一种安全有效的非药物治疗方法，能够治愈疾病、减轻疼痛、缓解压力。针灸疗法深受阿朋友欢迎，设立在阿尔及尔穆斯塔法医院的中国针灸队每天接待的患者络绎不绝。

4月25日，中国使馆举行纪念中国向阿尔及利亚和非洲派遣医疗队50周年招待会暨邮票发行仪式。阿卫生、人口和医疗改革部长齐阿里，邮政、信息和通讯技术部长代表，部分非洲国家驻阿使节，中国援阿医疗队、中资机构代表等百余人出席活动，共同见证这一有纪念意义的时刻。

第二次是在2013年12月20日，为纪念中阿建交55周年，阿邮政总局发行了一枚纪念邮票。正在阿尔及利亚访问的中国外交部长王毅和阿外交部长拉马拉共同出席了在阿国宾馆举行的纪念中阿建交55周年招待会和纪念邮票发行仪式。

记忆篇

2008年12月,刘玉和大使会见阿尔及利亚总理贝勒卡迪姆。

  这枚邮票的图案设计取材于中国的太极并将两国国旗融入太极之中。

  太极图是中华民族的象征,距今已有6000年的历史。太极图是线条最简洁、图像最简单的图案,同时又是最博大精深、内涵最丰富、造型最美的图案,蕴含着深邃的古代哲学要义。古今中外,没有哪个图案有如此深刻的意境。太极的字面含义,即最高级、最标准、最完美之义;太极的真实含义是,万事万物都存在于太极中,并在太极的主宰下运动、变化和发展。

  邮票的第一稿,两国国旗是上下摆设;最终定稿时,两国国旗左右平行交织在一起。小小方寸,不仅对两国合作理念进行了完美诠释,也是近半个世纪以来中阿友好交往的真实写照。中阿两国人民在争取民族独立、捍卫国家主权的斗争中并肩战斗,在建设国家的发展历程中携手并进,中阿友谊历久弥坚、历久弥新。

践行外交为民

作为使节,使命光荣,责任重大。我每天所思所想的是如何把中阿两国友好合作关系维护好、发展好,同时也要全力保护好在阿中国公民和机构的合法权益,为中国游客提供更安全的旅途,为中国企业营造更友善的经营环境,为中国侨胞带去更温暖的问候,做海外同胞平安的守护者。

近年来,随着中国改革开放的不断深化,中国内地居民出境人数逐年增加,2016 年已超过 1.2 亿人次,境外注册中资企业超过 3 万家。在阿尔及利亚,中资企业和个体商铺有几百家,人员数万。中国公司或公民求助使馆的情况时有发生。据外交部统计,2016 年中国外交部和驻外使领馆处置了超过 10 万起领保案件。"有困难找使馆"已成为"走出去"企业和人员的共识。身处海外,中国公民面临困难,中国公司遇到麻烦,第一时间总会想到使馆。这对外交人员来说,是一份宝贵的信任,更是一份厚重的责任。

阿尔及利亚在上世纪 90 年代经历了恐怖主义肆虐的十年,造成 10 余万人伤亡。这被阿人民称为"黑色十年",国际上也一度谈阿色变。我驻阿大使是第一个配备防弹车的中国驻外使节。

1999 年 4 月布特弗利卡就任总统以来,推行民族和解政策,阿国内形势由乱到治、转恐为安,经济实现快速发展,民生得到明显改善,赢得社会各界的普遍拥护,在国际上受到广泛赞誉。

2010 年底,所谓的"阿拉伯之春"迅速在西亚北非地区蔓延,大有席卷全球之势。一些西方势力蠢蠢欲动,推波助澜,地区形势乱象纷呈,复杂多变。国际舆论几乎一边倒:继突尼斯、埃及、利比亚政权更迭后,下一个将轮到阿尔及利亚。山雨欲来风满楼。在全球化和国际金融危机的冲击下,阿国内各种社会矛盾叠加,各种风险集聚,关联性、复杂性、敏感性的确在增加,但阿不会重蹈突尼斯等国的覆辙,上演"黑色连续剧"。阿民众经过恐怖年代的洗礼,人心思定,稳中求变。阿强力部门具有丰富的应对各类突发事件的经验,对境内恐怖组织一直保持高压态势。布特弗利卡总统以战略家的睿智,运筹帷幄,力挽狂澜,成功掌控局面,使阿尔及利亚这艘巨轮始终沿着正确方向前行。

然而,潘多拉魔盒打开容易,后果则不堪设想。整个西亚北非地区乱象丛生,一些恐怖势力伺机坐大,形成横贯西非、北非、东非和萨赫勒地区的"恐怖主义之弧",利比亚、突尼斯、马里、尼日利亚、索马里等国多次发生恶性恐怖袭击事件,造成重大人员伤亡。阿尔及利亚周边安全形势恶化,难以独善其身。作为大使,密切跟踪驻在国和地区安全形势动向、妥善处理各类突发事件已成为常态。

在此仅举两个案例。2009年6月17日晚6时许,一支由六辆警车组成的阿宪兵队迎着夕阳护送数百名修建高速公路的中国工人返回生活营地。在护送任务结束后,车队途经布尔吉·布阿雷里吉省和艾因德夫拉省之间的山区时,遭遇恐怖袭击,造成18名宪兵和2名平民死亡。事后,通过恐怖分子自制并在网上播放的恐袭现场视频可以看出,恐怖分子对此次袭击进行了精心策划。

恐袭发生后,中国公司立即报告了中国使馆。我马上意识到,此次恐怖袭击事件为近年来罕见,对中国公司承建的工程以及中阿员工思想稳定会造成负面影响,阿宪兵因护送中国工人遇袭,中方不能袖手旁观。于是,我决定驱车前往距首都200多公里的布尔吉省。一路上,阿方派出多辆警车护送,路旁山上岗哨时隐时现。抵达该省后,我拜会了省长,请其向遇难者家属转达沉痛哀悼和诚挚慰问,并转交了中国使馆和中资

刘玉和大使与阿尔及利亚总理贝勒卡迪姆一起参观阿革命军事博物馆。

公司的慰问金。同时，我要求阿有关部门加强安保措施，确保中国公司和人员生命财产安全。我还在中国公司所在地召开座谈会，听取情况介绍，研究制定安保措施和应急预案。会议期间，不时听到剿恐的隆隆炮声和直升机在空中盘旋发出的轰鸣声，但全体与会人员沉着冷静，员工们情绪稳定，他们说："有大使为我们保驾护航，我们就有了主心骨！"

经过两天的休整，并与阿方共同对施工现场安全环境进行全面检查评估后，工地上重新恢复了往日车水马龙的场面。

恐袭发生后，在阿安全部门全力追捕下，大部分恐怖嫌犯被抓获归案。2011 年，经君士坦丁省总检察长批准，判处 12 名恐怖分子死刑，另有 10 余名涉恐分子被判刑 10 年。

再介绍一下 2009 年 8 月 3 日晚发生的一件事。距阿尔及尔市中心

20多公里的巴布祖瓦区是中国个体商人较集中的商业区,有些当地人称之为"中国城"。当晚,我正在使馆举行一场外事活动,使馆同事告诉我,巴布祖瓦区发生中国商人同阿商人斗殴事件,引起数十人围攻,双方数人受伤,多家中国商铺和人员遭到打砸抢。事发不久,当地多家媒体网站迅速进行了报道,国内也有网站报道,有的媒体(包括凤凰卫视)提出电话采访的要求。我清醒地意识到此事将被媒体炒作,一定要迅速平息事态,并防止一些小报记者和别有用心的西方媒体借此炮制中阿合作的负面"新闻眼"。馆内活动结束后,已近晚上10点,我立即驱车前往事发现场,向阿有关部门和中国商人了解事发经过,尽可能全面掌握第一手情况。经过实地考察,我心中有了底,在现场接受了当地媒体的采访。返回使馆,已是半夜12点,此时国内是早晨7点,"凤凰早班车"节目的电话采访又开始了。我在采访中强调,个别人的斗殴事件纯属偶发个案,不存在任何排华背景,对中阿友好合作关系不会有任何影响。第二天,当地媒体也进行了报道。事态很快得以平息。

此事给中国使馆敲响了一次警钟。在阿中国个体商人来自四面八方,来阿后,多有语言障碍,缺乏对驻在国法律法规和风俗习惯的深入和全面了解,"水土不服"现象突出,在经商或日常交往中难免出现摩擦。使馆有必要予以关注并善加引导。为此,使馆多次派领事官员走访中国商户,提醒他们要遵守驻在国法律,尊重当地风俗习惯,增强安全意识。我还会同巴布祖瓦区负责人和阿中友协成员挨户挨户走访华侨店铺,同华商代表进行座谈,鼓励他们与当地居民和睦相处,努力成为中阿两国友好合作的"民间使者"。

永远的怀念

中阿友好交往史是一部百科全书,是两国领导人留给后代最宝贵的财富。我出使阿国期间,使馆每年必做的有两件事。

一是每年春暖花开时节，中国使馆、中资企业人员和阿中友协、阿议会友好小组、阿妇联等各界朋友进行植树活动，践行前人栽树、后人乘凉的理念，缅怀两国老一辈革命家，体验"绿叶对根的情意"，感受人与自然的和谐相处。植树活动得到阿环境部的大力支持，经部长亲自批准，在阿尔及尔市郊生态园林内建造"中阿友谊园"。中国驻阿使馆和20余家中资企业共同捐资兴建，并于2012年举行了奠基仪式。

经过近一年的施工，在生态园的最高处建造了一座中式二层楼阁，下方建造了一座牌楼和六角亭。中国著名书法家李铎将军题写"望远楼"，以缅怀两国老一辈领导人高瞻远瞩的战略眼光和英明决策，激励年轻人"欲穷千里目，更上一层楼"。李铎将军之子李少青是我在外交部的同事，他为六角亭题写了名字"思源亭"，以此告诫两国的年轻一代牢记饮水不忘挖井人。牌楼上方用中阿文书写的"中阿友谊园"灿烂夺目。现在，"中阿友谊园"已初具规模，成为阿尔及尔一道亮丽的风景线。

二是每逢4月初的清明节，中国使馆和中资企业人员都要前往位于阿尔及尔东部的阿利亚国家公墓，为在阿去世的中国同胞扫墓。

阿利亚公墓占地80公顷。根据墓地捐献者的意愿，不论信奉伊斯兰教，还是其他宗教，不论是阿国人，还是外国人，都可以在此安葬。在该墓地安葬的有阿已故领导人、反殖民斗争中牺牲的革命烈士，也有平民百姓。共有100多名中国同胞长眠于此，他们中有外交官，有记者，有外派劳务人员。我们通过扫墓寄托哀思，缅怀那些为中阿两国友谊作出贡献甚至献出宝贵生命的人们，激励年轻一代继承中阿友好传统，为促进中阿友好合作发出自己的光和热。

记忆篇

在阿尔及利亚的一段特殊经历

安惠侯
[中国前驻阿尔及利亚、突尼斯(兼驻巴勒斯坦)、黎巴嫩、埃及大使]

安惠侯近照

　　1988年9月13日,我抵达阿尔及尔出任驻阿尔及利亚大使。这是我第一次任驻外大使,心里既兴奋又忐忑不安。15日,我拜会阿外长易卜拉希米并递交了国书副本。外长不久前路过北京,我时任外交部亚非司副司长,陪同他游览市容,一路上交谈甚欢。故人相逢,更是热情友好。20日,阿方安排我向沙德利总统递交国书。上午11时45分,阿外交部礼宾司长来使馆接我去总统府,使馆参赞、武官等主要外交官陪同前往。沙德利总统站在大厅中央,旁边是外长和总统府办公厅主任。递交国书后,双方坐下交谈。总统欢迎我出任驻阿大使,感谢中国对阿民族解放斗争所给予的无私援助,表示愿全面发展对华友好合作关系,强调阿关注中国的改革,阿也已开始改革,两国应交流改革经验,相互借鉴。我向总统转达了中国国家主席的问候,感谢阿为恢复中国在联合国的合法席位所作的突出贡献，表示中国高度重视中阿友好关系，愿全面发展两国间的合作。仪式结束后，我改乘使馆车辆，挂上中国国旗，在阿摩托车队的护送下返回使馆。

在我离京赴阿前，外交部得到的信息是：阿尔及利亚政局稳定，政府友好，油气资源丰富，是我国重要的海外工程承包市场。阿气候宜人，风景优美，人民友好，我上任后诸事顺心，似乎预示我的任期将一帆风顺。然而，事实并非如此。抵阿后，有两个现象令我警觉。一是，我每次外出都能看到在街头巷尾三五成群的青年人整天聚集在那儿聊天嬉闹。二是，在首都阿尔及尔市内有许多新盖的清真寺，虽已使用，但都未完工。经过了解我才知道，阿失业率高，老百姓住房条件差，白天住房是母亲和姐妹的活动场所，无所事事的成年男孩只好在街上聊天嬉闹。另外，政府规定，清真寺一旦工程完工，就归政府宗教机构统一管理。而一些新盖的清真寺故意不完工，伊斯兰势力便可在里面自主组织活动，不受政府管辖。这使得我惊惶不安：一旦有事，整天聚集街头的失业青年不就会成为骚乱的主力军了吗？清真寺失控更是巨大的风险。有一次，我出席一场外事活动，使团的车队途经一条小道，许多围观的年轻人突然起哄，向车队扔石头。种种迹象使我感到阿人心不稳，社会不安，可能要出事。我馆两次将我们的看法报告国内。形势的发展不幸被我们言中。10月4日，即我抵阿仅20天后，首都阿尔及尔爆发了严重的群体性骚乱。一些年轻人在市内打、砸、抢、烧，六七栋政府办公大楼遭抢劫、焚烧。首都一度陷于瘫痪，骚乱殃及使团车辆，还向外地蔓延。一次，我有事必须外出，在返馆路上，迎面遇到一伙参与暴乱的青年，他们手拿棍棒，头缠黑巾，杀气腾腾地走过来。我乘坐的车上插着五星红旗。我让司机放慢车速，并摇下车窗，微笑着向他们挥手致意。他们朝我看了看，让开大道，指挥我车驶离。使馆同志得知这一情况后，都为我捏了一把冷汗。暴力延续好几天后，军警才控制局势，逐步恢复正常秩序。事后回首，这只是更大动乱的前奏。

阿尔及利亚民族解放阵线领导人民进行了八年艰苦卓绝的武装斗争，赶走法国殖民者，于1962年赢得国家独立。独立后，民阵一党专政，形成党、政、军权力架构；经济上搬用苏联模式，实行国有化、工业化、计划经济体制。阿经济主要由石油工业支撑和带动。在长达20多年的时间里，阿保持了政治稳定，持续增长的石油收入促进了经济发展，也给人民带来一些实惠。但这种政治和经济体制不可避免地造成严重的弊端：特权阶层形成，贪污腐败成风，轻工业被忽视，农业萎缩，生产效率低下，基础设施不足，人民住房短缺，物资供应匮乏，人口增长过快，就业日益不足。拖到80年代中期，又逢石油价格暴跌，问题激化，尤其是失业率居高不下，住房与食品匮乏加深了民众对政府的不满。上述暴乱就是在这样的背景下发生的。

1978年，布迈丁总统病逝，原奥兰军区司令沙德利被选为民阵总书记、共和国总统。沙德利逐步认识到现行体制难以为继，必须进行改革。但在酝酿和推行改革的过程中，沙德利遇到极大的阻力。阻力主要来自民阵内部的既得利益者。上述大规模骚乱进一步坚定了沙德利改革的决心。1988年12月沙德利第三次当选总统后，启动了激进的政治变革。1989年2月，阿举行全民公投，通过新宪法。新宪法删除所有与"社会主义"有关的条文，强调言论、结社和罢工自由；5月，又决定担任民阵中央委员的高级军官一律退出现役，以削弱军方的影响。7月5日，政府颁布"政治结社法"，实行多党制。不难看出，沙德利的改革思路基本上是照搬西方的自由、民主、多党体制。瞬间，登记注册的政党达到近30个，其中包括伊斯兰拯救阵线。执政近30年的民阵四分五裂。此时，前总理卜拉希米揭露，过去十年，政府官员受贿多达260亿美元。一石激起千层浪，民阵的声誉一落千丈。我曾与改革派成员交谈，我问他们，以现行手段冲击民阵，势必将其整垮，在今后的地方选举和议会选举中改革派将依靠谁？他们答非所问，强调应允许他们进行民主改革的尝试。与此同时，工人罢工次数增加25%，每月平均250次。各种社会力量利用新宪法赋予的权利，用罢工和游行示威甚至街头暴力来表达不满或动员群众。整个社会陷于动荡不稳的状态。

在新成立的众多政党中，伊斯兰拯救阵线发展最快。阿历来并不是伊斯兰运动的活动中心，伊斯兰势力一直处于政治的边缘。但日益严重的政治腐败、经济危机、道德沦丧和文化异化为伊斯兰势力的发展提供了社会基础。伊斯兰势力为贫苦大众排忧解难，赢得越来越多群众的拥护。沙德利推行的自由化和多党制又为伊阵的迅速发展提供了合法空间。我曾亲眼看到伊阵组织的示威游行：众多的支持者排着方队齐步前进，犹如军事操练。当时我心里咯噔一下：如此众多的支持者，如此严密的组织，又是一个宗教性的政党，这股势力任其壮大，谁能阻挡？1990年6月12日，阿尔及利亚举行地方选举，伊阵赢得55%的选票，在853个市政和32个省议会中占据多数议席，而执政近30年的民阵仅获得32%的选票，在487个市政和14个省议会中占有优势。伊阵已成为第一大党。

伊阵的胜利引起执政当局的高度警觉。阿政府宣布修改选举法，遭到伊阵反对。伊阵发动总罢工，政府使用武力镇压并逮捕伊阵领导人。然而，这一切措施已无法"挽狂澜于既倒"。1991年6月，阿按原定日程举行议会选举。伊阵在第一轮选举中一举拿下议会430个议席中的188个，民阵仅得15席，另一政党获得25席。伊阵只要在第二轮选举中从剩下的199席中获得20多席，就将在议会中占据多数，从而获得组阁的权力。届时，阿拉伯世界将出现一个民主选举产生的伊斯兰政府。此时我已离开阿，改任驻突尼斯大使，但仍继续关注阿局势的发展。

沙德利对局势完全失控，在军方的压力下，于1992年1月11日辞去总统职务。军方迎回流亡国外的独立战争老战士布迪亚夫出任总统，实权人物是国防部长纳扎尔。军方宣布国家进入紧急状态，实施戒严，不承认第一次议会选举结果，无限期推迟第二轮议会选举。紧接着，伊

1996年10月17日,中国国家主席江泽民在北京人民大会堂举行仪式,欢迎阿尔及利亚总统泽鲁阿勒访华。(供图:中新社)

阵被取缔,许多领导人、成员甚至同情者遭到军方逮捕。据报道,大约有10000人被关进集中营。

经过短暂的沉默之后,伊阵号召社会组织和个人反抗军方的镇压,走上暴力对抗的道路。一批从阿富汗返回的"圣战"斗士成为伊阵暴力对抗的主力军,阿从此陷入内战的深渊。不久,布迪亚夫遇刺身亡。这场内战延续将近10年,造成近10万人死亡、100万个家庭受害,经济损失超过200亿美元。国家受到的内伤和国际形象的损害则无法估量。

1994年1月31日,阿最高国务委员会提名国防部长泽鲁阿勒将军出任国家元首。泽鲁阿勒采取了如下举措:(1)加快经济结构调整,

2008年8月7日，中国国家主席胡锦涛在北京人民大会堂会见阿尔及利亚总统布特弗利卡。（供图：中新社）

促进经济恢复和发展。由于政策得当，从1995年开始，阿经济逐步好转。（2）在加强镇压从事暴力活动的伊斯兰极端分子的同时，与反对派对话，争取实现全国和解。将放弃暴力对抗的伊斯兰势力（包括被取缔的伊阵）纳入政治和解进程中来。这一举措促使反对派改变立场，他们于1995年1月在罗马开会作出与政府谈判的决定。（3）在与反对派对话的基础上，推动民主化进程。1995年11月16日，阿举行总统选举，泽鲁阿勒得票61.01%，当选总统。1997年，阿分别举行了议会和地方选举，新成立的支持泽鲁阿勒总统的全国民主联盟取得胜利。总统和政府的合法性已为国内民众和国际社会所公认。然而，政治和解进程并不顺利。政权内部，尤其是军队内反对与伊斯兰势力和解的大有人在。反对党提出的六项条件被政府拒绝。而由伊斯兰激进派组成的"伊斯兰救世军"坚持在城乡从事恐怖暴力活动。

1998年底，泽鲁阿勒宣布提前结束任期，举行大选。1999年4月，布特弗利卡以73.79%的高票当选总统。布特弗利卡19岁加入民族解放斗争，是阿独立战争的老战士。1962年阿独立后，他被任命为青年体育部长，一年后出任外交部长，时年26岁。布特弗利卡在国际上叱咤风云，十分活跃。阿奉行不结盟政策，布特弗利卡为推动不结盟运动作出不懈的努力。他对华友好，是1971年恢复中华人民共和国在联合国的合法席位的"两阿提案"的操盘手。他任外长期间于1971年和1974年两次访华。1978年，布迈丁总统逝世，布特弗利卡受到排挤，隐居国外。在历史危难时刻，沉默20年的他重新出山，在广大民众、主要政党以及军方的支持下，以高票当选。布特弗利卡面临的任务是：制止恐怖暴力活动，恢复正常秩序；改变发展模式，振兴国家经济；打破外交孤立，重塑国际形象。布特弗利卡先后主持制定了《全民和解法》和《和平与全国和解宪章》，对恐怖团伙抚剿并举。在严厉镇压顽固分子的同时，对尚无血债、放下武器者，允其重新融入社会。这一政策发挥了巨大的震慑和分化作用，两大恐怖组织约8000人相继放下武器向政府投诚。国家安全形势显著好转。在布特弗利卡的领导下，阿开始实行市场经济，吸引外国资金，调整产业结构，逐步改变过分依赖石油天然气工业的状况，经济进一步好转。石油价格暴涨又给阿经济注入新的活力，阿外债降低，外汇储备增加。政府还特别注意扩大就业，兴建住房，完善基础设施，改善人民生活。为了重返国际舞台，布特弗利卡积极开展外交活动，首先密切与周边及所有阿拉伯国家的关系。其次，利用非统组织最后一场首脑会议在阿举行之机，广交非洲领导人。第三步，遍访中、俄、美等国和一些地区大国，改善与法国的关系，密切与欧盟的联系。他的外交努力取得丰硕成果，极大地改善和提升了阿的国际形象。2000年，他作为总统来华出席中非合作论坛——北京2000年部长级会议并进行国事访问。他在与我国领导人的会谈中说了一句名言，广为流传："主权是发展中国家的最后防线，不容侵犯。"布特弗利卡三次连选连任总统，在人民心中威望卓著。

值得一提的是，民族解放阵线经过挫折、调整、恢复，2004年成为仅次于全国民主联盟的第二大党，随后又重新成为阿第一大党。

2010年底，突尼斯爆发群众抗议运动，迅速席卷几乎所有阿拉伯国家，形成阿拉伯世界的空前大动乱。受动乱冲击严重的突尼斯、利比亚是阿尔及利亚的邻国，埃及也是近邻。动荡也曾波及阿尔及利亚，但较快地平息下去。其原因，除了阿政府采取了正确的应对政策外，上世纪开始并延续10年的流血动乱的教训增强了政府和民众的免疫力，民众没有选择动乱，而是选择了稳定。

我在阿任职三年，如今离开已经27年了。随着年龄的增长，许多事情都记不得了，但这段经历我一直难忘。

访问阿尔及利亚的点滴回忆

吴思科（中国前中东问题特使）

阿尔及利亚，对中国人来说是一个非常亲切友好的名字，人们喜欢用"友谊源远流长、植根两国民众心中"来形容。我从1997年第一次踏上这片美丽的土地，到2016年一年内两次访阿，近20年里多少次访问阿尔及利亚自己也记不清了，但留下的美好印象却异常清晰，永远难以忘怀。每次访问，我总喜欢挤出些时间在依山傍水的阿尔及尔街头漫步，流连于小巧玲珑、形式多样的街头公园。那些我叫不出名字的色彩鲜艳的各种花卉，芳香四溢，令人陶醉。在阿尔及尔山坡上的松林里散步，迎面吹来习习海风，伴随着阵阵松涛声，让人心旷神怡。我也很钟情于最富有民族特色的阿尔及尔老城区，穿行在那里纵横交错的狭窄古街道，观赏古色古香的建筑，以及具有浓厚的伊斯兰建筑风格的清真寺，仿佛走进了通往历史的隧道。

一

我1996年就任外交部西亚北非司司长时，阿尔及利亚因国内反对势力多年从事暴力恐怖袭击，安全形势令人担忧，中阿间的人员交往也受到影响。作为主管这个地区事务的司长，我觉得应到实地考察一下，这样就两国间的交流合作提出建议才更扎实可靠。出于这一想法，我1997年夏季访问了阿尔及利亚，受到热情友好的接待。也许是长期应对严峻局势的磨炼，阿方警卫人员的良好素质给我留下很深的印象。我出行时，警卫车总是紧贴我的坐车，而我每到一个地方，警卫人员总是在我四周护卫。记得当时我曾到坐落在首都阿尔及尔哈马山上的无名烈士纪念碑和历史博物馆拜谒参观，不论我走到哪里，都有警卫人员在我周围，他们的目光四处扫射，不放过任何可疑点，这让我有极大的安全感，同时也感到不好意思——第一次享受这么高的待遇，真是受宠若惊。站在高高耸立、呈三片由外向内斜立的棕榈叶状纪念碑前，望着永不熄灭的火炬、纪念碑周围雕饰的月桂和罗勒枝以及烈士塑像，崇敬之感油然而生。从哈马山四处眺望阳光下的阿尔及尔，这座古朴的海滨城市显得非常美丽宜人。在参观历史博物馆时，陪同人员特地向我介绍了几件中国的武器和通信设备，说这是在阿尔及利亚人民争取独立的战争期间中国提供的援助，"患难见真情"，阿尔及利亚人民要世世代代记住中国的支持和友谊。

那天返回使馆后，使馆人员告诉我，就在我们一行参观时，我们邻近的一条街又发生了爆炸，媒体报道之后大家还很紧张。媒体的报道让全世界都知道阿尔及尔发生了爆炸，可我们当时就在邻街却什么也没听到。媒体的放射作用真是太大了！通过这次访问，我真切地感受到，阿尔及利亚反政府力量仍不甘认输，不稳定因素仍然存在，但阿政府有较强的掌控能力，阿武装力量也积累了应对极端势力破坏活动的经验，局势在逐步走向稳定。从1997年开始，中阿间的高层交往开始恢复，我也有幸在任司长期间先后陪同国务院副总理兼外长钱其琛和国家主席江泽民访阿，有两件事我至今记忆犹新。

1998年陪同钱其琛副总理访阿时，正值阿尔及利亚筹办非洲首脑会议，为此要建一个高规格的酒店，中国中建总公司正在跟踪这个项目。在与阿尔及利亚总统拉明－泽鲁阿勒会见时，钱副总理特意介绍了中建总公司的情况，表示该公司能力强、有信誉，可以信赖。泽鲁阿勒总统听后说，离召开非盟峰会只有一年多的时间，如中国公司能在较短时间

记忆篇

2016年7月，吴思科大使作为王毅部长特别代表访问阿尔及利亚，会见阿国务部长、外交与国际合作部长拉马拉（右2）。

内建设一个高水平的酒店，我们欢迎，届时也将向非洲首脑们展示中国的建筑能力。会见刚一结束，钱副总理就对我说，告诉中建总公司代表，我可是在总统面前拍了胸脯了，让他们务必全力以赴，不能失信。此后，中建总公司不负所望，按时圆满完成松树酒店项目，也为中建在阿乃至非洲很多国家赢得了信誉。

1999年江泽民主席访问阿尔及利亚是在布特弗利卡总统就任不久，受到总统和阿各界十分热情的欢迎。而给我印象最深的，是江主席在会见阿尔及利亚国民议会议长时，议长拿着两张略微发黄的黑白照片，那是上世纪60年代初他任经济部长期间访华时毛泽东主席接见他留下的，一张是两人站着握手，一张是坐在沙发上交谈，亲切感人。议长说，这是他个人的荣誉，也是中国支持阿尔及利亚革命和建设事业的见证，他十分珍惜。

二

2009年3月，我开始接任中国中东问题特使，为推动巴勒斯坦问题和中东其他热点问题的解决在中东以及有关各方间穿梭访问。这是代表国家尽安理会常任理事国的一份责任，也是与友好国家间保持联系的一个纽带。

当年7月下旬，我作为杨洁篪外长特别代表和中东问题特使访问了阿尔及利亚，阿国民议会议长齐阿里、议会阿中友好小组主席布哈贾、外交部秘书长布盖拉及有关负责人都热情与我会晤。谈及两国双边关系，总感觉像旧友重逢，说不完的友好；谈及国际和地区问题，双方也有许多相同和相似的看法和主张，合作领域广阔。齐阿里议长的一句话给我印象很深，他说中国特使访问阿尔及利亚，本身就表明中国对阿地区地位和作用的重视。

阿方一再表示感谢中方长期以来对阿维护国家主权与独立、开展经济建设所给予的支持和帮助，认为近年来两国战略合作关系不断巩固，发展前景广阔；同时感谢中方一贯支持巴勒斯坦和阿拉伯正义事业，并赞赏中方为实现中东全面公正和平所发挥的积极作用。阿方特别强调，坚定支持中方为维护国家统一和社会稳定所作的努力，愿进一步加强两国在国际和地区事务中的协调与合作。我则表示感谢阿尔及利亚特别是布特弗利卡总统本人为恢复中国在联合国的合法席位作出的突出贡献，以及在台湾和人权等重大问题上给予的坚定支持。中国高度重视阿尔及利亚在非洲、阿拉伯乃至世界事务中所拥有的重要影响。

通过这次阿尔及利亚之行，让我更感受到有关中东国家很看重中国中东问题特使到访，一方面是因为与中国关系友好，重视中国作为安理会常任理事国的特殊地位和影响，同时也因为中国在中东问题上长期坚持公正立场，为劝和促谈发挥了不可替代的作用。各方的重视也加大了我作为中东问题特使的压力和责任感。

吴思科大使与阿外交部秘书长拉贝希举行工作会谈。

三

2016年，我已卸去中东问题特使的职务，但这一年的1月和7月，我又作为王毅外长特别代表两次访问阿尔及利亚，旧地重游，会见老朋友，感到特别高兴。阿国务部长、外交与国际合作部长拉马拉，外交部马格里布、非洲及阿盟事务部长梅萨赫勒分别会见和亲切交谈。当然，给我印象最深的还是老朋友、阿外交部秘书长拉贝希与我的会谈和盛情宴请。拉贝希出任驻华大使五年多，为促进中国与阿尔及利亚以及中国与阿拉伯国家友好合作关系的发展殚精竭虑，四处奔走，也结交了很多朋友。我作为中国阿拉伯友好协会副会长和中东问题特使，与拉贝希大使过从甚密，这次我也带去很多老友对他的问候。我们一行在阿尔及尔机场受到外交部负责人的热情欢迎。刚出机场，礼宾官就把我们引到车队前，主车挂着国旗，前面有摩托车开道。这位外交部秘书长给我这个老朋友作了特殊安排，让我深为感动。在我们会谈时，他把外交部各有关司的司长也邀请来参加，气氛十分友好。当晚，拉贝希在古香古色的外交部宾馆宴请我们一行，双方交谈甚欢。

这次访问，双方除就"一带一路"框架下如何深化双边合作交换意见外，在中非合作论坛约翰内斯堡峰会后如何加强中阿在非洲的合作也是双方探讨的重要内容。我着重强调中非合作论坛成立15年来，中非友好务实合作快速发展。刚刚结束的论坛约约翰内斯堡会将中非关系提升为全面战略合作伙伴关系，并提出了"五大支柱"和"十大合作计划"，给中非关系带来全新发展前景。中方高度重视阿在地区事务中的积极作用，赞赏阿为调解马里、利比亚危机，维护地区和平与稳定所作的不懈努力，愿与阿携手推进落实论坛约翰内斯堡峰会成果，使中阿关系成为中非友好合作的典范。阿方表示中非论坛约翰内斯堡峰会的召开恰逢其时，顺应了非洲发展需要。中国是阿重要合作伙伴，阿愿与中方在论坛框架下共同推进峰会后续行动，不断深化两国在各领域的合作，从而助推中非关系全面发展。

中国和阿尔及利亚之间的友谊像一条大河，源远流长。我与阿方的交流像几朵小小的浪花，留下的记忆温馨而绵长。

跨越半个世纪的战友情

尹红生（中国前驻阿尔及利亚武官）

5月的阿尔及尔已然一派初夏景象，处处繁花似锦、绿意盎然。2010年5月，我乘飞机抵达这里，开始了中国驻阿尔及利亚使馆武官的任期。走出胡阿里·布迈丁国际机场，混合着地中海清爽微风与撒哈拉炙热阳光的温暖气息拂面而来，立刻将旅途的疲惫一扫而空。更让我倍感惊喜和温馨的是，从机场到使馆，一路上到处可以遇到用汉语"你好"打招呼的当地人。

按惯例，外国武官到任履职从拜会阿国防部和各军种司令后正式开始。因为中阿两国、两军之间的友好关系，阿军方把中国武官的到任礼节性拜会活动安排在我抵阿的第三天开始，我用两天时间分别拜会了阿国防部对外关系与合作局局长和陆、海、空、防空军司令等主要官员。拜会期间，双方的谈话十分轻松，充满欢笑，谈话主题自然离不开两国、两军的友好合作历史的回顾，以及对不断深化双边务实合作的期盼。令我印象深刻的是，接见我的阿方将军如数家珍似地谈及两国友好关系中的重大历史事件：阿尔及利亚1962年正式建国，而中国早在1958年9月22日即阿临时政府在开罗宣告成立后的第三天便予以祝贺，成为第一个承认阿尔及利亚独立的非阿拉伯国家，同年12月20日两国便建立了外交关系。1963年，中国政府选调优秀医生组成医疗队派赴阿尔及利亚，从此开启了中国向非洲国家派出医疗队的历史壮举，一直到现在，每年都有中国医疗队到阿执行援助任务。时隔40年后的2003年5月，阿首都阿尔及尔及其北部沿海地区发生6.9级地震，造成大量人员伤亡。

阿尔及利亚革命军事博物馆内陈列的阿空军学员在华留影

刚刚成立不久的中国救援队选派由 30 名经验丰富的队员组成的国际救援队,携带 4 吨轻型救援装备赶赴阿尔及尔开展救援行动。这是中国救援队首次参与国际地震灾害救援。阿尔及利亚人民永远铭记中国兄弟在他们最需要的时候给予的无私援助。我也非常愉快地谈及著名的"两阿提案":1971 年 10 月 25 日,第二十六届联合国大会以 76 票赞成(其中非洲国家占 26 票)、35 票反对、17 票弃权的结果,通过了由阿尔及利亚和阿尔巴尼亚等 23 国提出的"关于恢复中华人民共和国在联合国组织中的合法权利问题"的提案,新中国从此恢复了在联合国组织内的一切合法权利。毛泽东主席曾诙谐地说,是非洲朋友把我们抬进联合国的。中国人民对此也始终感念在心。

谈到两国军队之间的友好合作时，阿国防部对外关系与合作局的将军讲到，两国军队之间的战友情谊跨越了半个多世纪，友好合作同样源远流长，在阿尔及利亚人民争取民族解放的抗争中，中国政府和人民在自己还面临各种困难的情况下即提供了十分宝贵的物资援助，阿刚刚独立，中国就为阿空军培训了第一批战斗机飞行员和空军技师。将军建议我去参观军事博物馆，那里有很多实物记载了这段历史。将军的建议引起我的浓厚兴趣，我非常愉快地接受了将军的邀请。6月中的一天，在阿国防部安排下，我参观了这座著名的军事博物馆，为中阿两军友好合作追根寻源。

阿尔及利亚军事博物馆坐落在首都阿尔及尔市中心哈马山的一侧，与山顶的无名烈士纪念碑和民族圣战博物馆遥相呼应。1984年，阿尔及利亚为庆祝发动独立战争30周年，建成了这座大型军事博物馆。博物馆整个建筑地上地下共有五层，坚实的水泥结构和硬朗的外观造型体现出历史的凝重与军人的庄严。博物馆主要以战争历史为背景主题，通过大量的实物、图片和模型，记录着阿尔及利亚人民不断与外族抗争、争取民族独立与解放的历程，同时也全面展示了阿尔及利亚军队的成长经历。

陪同参观的博物馆馆长认真地给我作解说。我们一路走一路看，来到位于博物馆五层的阿解放战争展厅。陪同参观的博物馆馆长对我说，独立战争期间，阿民族解放军装备差，物资匮乏，得到了许多第三世界友好国家的支持。中国在自己还相对困难的时期，仍给予阿尔及利亚大量的宝贵援助，阿尔及利亚人民对此永远不会忘记。军事博物馆不仅记录国家和民族的发展史，也要永远见证阿中友谊，特别是两国军队之间的战友情。

在阿方陪同的引导下，我看到了当年中国援助的电台、急救包、纱布和注射器等战地救生用品的实物。在靠近展厅尽头的位置，阿陪同军官指着几个大陈列柜说,这是专门为了感谢并纪念中国人民对阿方的无私帮助和支持而设立的。顺着他的手看过去,我看到柜子里摆放着多张中阿军人的合影、中国民航的机票、阿军人出境证明、疫苗接种证书、中国人民解放军航空学校毕业证书、飞行员服装,甚至还有当年使用的粮票、饭票等。展柜中的一张贺卡吸引了我的特别注意:这是一张用中、法文书写的中国贺年卡,纸张已经略微发黄,日期是1962年12月29日,上面用中、法两种文字写着:"赠予阿尔及利亚的朋友安得尔、赫尔汀、得利德:祝新年快乐!"贺卡右侧的中文刚劲有力,左侧的法文飘逸飞扬。

博物馆馆长见我对这些展品饶有兴趣,便主动作了更详细的介绍。他说,阿尔及利亚为争取民族解放,从1954年开始进行了长达八年的艰苦抗战。当时,阿民族解放军和法国军队相比,装备水平低,物资匮乏,尤其是法军占有相当大的空中优势,法国空军司令曾声称要构建封闭阿国土的空中封锁线。为此,突破空中封锁成为一项紧迫的任务。阿民族解放阵线的最高领导层下定决心,要抓紧努力建设一支自己的空军力量,并为此制订了空军发展战略:第一阶段,遵照阿拉伯国家互助计划,阿方派军官到埃及和其他中东阿拉伯国家接受培训,在此名义下,阿获得了18架本地组装的"共和国"型教练机和5架米格-15截击机,经过训练的阿空军飞行员驾驶第一批米格-15飞机从邻国利比亚飞抵祖国的领土上,参与解放战争。1962年11月,首批来自东欧的专家和教官以及一些最新的装备抵达阿尔及利亚,他们带来了组成未来阿空军的5架双座米格-15UTI教练战斗机、6架伊尔-14运输机以及10架米-4"猎犬"型运输直升机。同时,阿空军还获得了2架比奇D18S"山毛榉"型运输机用于政府要员运输。此后不久,阿又获得了首批进攻性飞机:5架米格-15bis和米格-17F,以及14架伊尔-28战术轰炸机。而为了筹建未来的空军,阿方早在这些飞机运抵之前,即向中国派出了一批优秀的年轻军官,为米格-15战斗机培训飞行员和地勤保障人员。展柜里的这些资料,就是当年那些军官在中国受训和生活的真实写照与见证。

而那张贺卡,就是一位名叫武慧海的中国教员写给阿尔及利亚学员的。

循着展柜内的资料信息,我回去后又查阅了一些文献。根据记载,当年,担负为阿空军培训飞行员和技师任务的是设在河北石家庄的中国人民解放军第四航空学校。该校前身是1949年12月在沈阳北陵机场组建的解放军第二驱逐机学校,1952年迁到石家庄,后更名为解放军第四航空学校(简称"四航校")。1986年,该校再次更名为解放军第四飞行学院(简称"四飞院")。这是一所初级飞行指挥学校,占地28万平方米,担负着培养歼击机飞行员和航空兵部队初级指挥军官的任务。该校先后使用过国内外21种类型的飞机,为中国人民解放军空军培养了数千名飞行员,其中就有被称为志愿军"王牌飞行员"的战斗英雄王海。上世纪50—60年代,四航校还担负着一项军事外交的特殊使命:为友好国家培训数百名飞行员和地勤技术人员,以支持第三世界国家争取民族独立和解放的正义事业,这其中就包括为阿尔及利亚空军培训的年轻军官。

2010年8月1日,我在大使馆举办到任后的第一次建军节招待会,特意设法联系到几位当年曾去中国接受培训的阿空军第一批飞行员和地勤人员,专门邀请他们出席。这些老战士和我一见如故。当我聊起参观军事博物馆的感受,特别是说到那张被精心保存的贺卡时,他们非常激动,争先恐后地向我讲述当年在中国学习、生活的经历。一位老战士对我说:尽管当时中国人民的生活并不富裕,但学校还是特意为他们准备了尊重穆斯林习惯的饭菜。除了生活上的悉心照料外,中国师生与阿尔及利亚学员同吃同住同训,亲如兄弟,在中国学习和生活的那段日子以及和中国人民的深厚感情,让他们永生难忘。老人家希望更多的中国朋友能够去阿尔及利亚军事博物馆看看,要让两国人民和两国军队之间的友好故事一直讲下去。

从2010年到2016年,我在阿工作的五年多时间里,武官处每有人员轮换，或有国内的军事代表团到访，参观军事博物馆都成为一个必不可少的项目。那些来自中国的实物，特别是记录阿飞行员在华生活的展柜，是我们驻足时间最长、议论最多最热烈的"圣地"。许多参观过军博的军队首长和同志表示，访阿之前，都知道中阿两国友谊源远流长，是"同志加兄弟"式的亲密伙伴，两国关系也提升到了全面战略合作伙伴层次；看了军博的展览，对两军友好合作的渊源有了更真切的了解，不仅深切体会到这份战斗友谊的厚重，更对其未来不断持续、深入发展充满了信心。

阿尔及利亚二三事

石岳文（中国前驻阿尔及利亚使馆文化参赞）

　　转眼间，我离开阿尔及利亚已经两年了，期间，常常跟国内外的朋友聊起在这个北非神奇国度的经历、难忘的岁月，也一直想写点关于阿尔及利亚的东西，记录一下许多难以忘怀的往事，但总因各种公务繁忙而一拖再拖。终于等到刘玉和大使给我布置的这个任务，我才不得不在劳动人民自己的节日五一节这天，真正开始动笔、落实。其实，在阿尔及利亚三年多，我经历的事情实在是太多太多了，做过的项目也不计其数，但最刻骨铭心的也就是这么几件事，在这里我把它记录下来，与读者分享。

精心组织策划羊年春节音乐会

　　记不得从何时起，我开始喜欢听交响乐了。2012年春天，我到任阿尔及利亚后，在使馆文化处那间不起眼的小小会客室里接待的第一位来访者，就是阿尔及利亚国家交响乐团团长兼阿尔及尔国际交响乐节主席阿卜杜勒·卡迪尔·布阿扎尔先生。从此，在阿这几年，我就跟交响乐结下了不解之缘，也跟布阿扎尔成了好朋友、好兄弟、好伙伴。初识布阿扎尔，我的印象极其深刻，他身材单薄、矫健，双眸深邃，常作凝思、认真状，让人感觉这是一个不苟言笑、办事认真的人，事实上他确是一个严谨、干练的艺术家、管理者。当初，布阿扎尔找我的目的只有一个，就是希望我帮他实现一个梦想和计划：邀请一个中国交响乐团参加当年的阿尔及尔国际交响乐节,并希望中国作为主宾国与阿尔及利亚国家交响乐团联袂参加开幕式演出,且由中国指挥担纲开幕式指挥大任。我刚到阿尔及尔,一切尚不摸头绪,而且我出发前,国内已经接到了布阿扎尔团长通过外交渠道转来的邀请函,只是当时已经是4月,这时国内当年的交流计划早已制定完毕,预算制下不可能再有新的经费支持突然出现的一个计划外项目,毕竟派遣一支交响乐团到非洲执行交流演出不是一件易事,不但要看乐队的档期,还需要数额不菲的国际旅费和给演员的演出、排练费用支出。因此,我没敢轻易答应布阿扎尔先生,但又为他的热情和真挚所感染,于是还是决心尽量促成一下。送走布阿扎尔后,我立即给远在国内的老朋友、时任中央歌剧院院长俞峰打了电话,说明意图。没想到,院长当即答应我,他愿意派歌剧院的交响乐团来,并愿意担任开幕式指挥,来访院团的路费也完全由歌剧院自己解决。俞院长不愧为能力超强的指挥家、实干家,在他的大力支持下,当年9月,阿尔及尔国际交响乐节上最出风头的就当属来自中国的交响乐团了。俞院长亲自担纲指挥的开幕式演出,震撼了阿尔及尔国家剧院现场的800多名观众,并通过国家电视台的直播镜头传遍千家万户。布阿扎尔团长事后高兴地对我说,他终于实现了一个多年的梦想,永远忘不了俞峰的名字。布阿扎尔实现了他的梦想,但对于我来说,一个新的梦想才刚刚产生,那就是要在阿尔及尔组织一场中国春节音乐会。

但这个梦想的实现却颇费周折,可以说一等就是三年。有人说,梦想很难实现,因为毕竟是梦,但梦想也有成真的时候,只不过看你怎么圆梦、追梦而已。我的这个梦想,就在2015年1月10日羊年春节来临前实现了。

这其中,离不开两位阿尔及利亚朋友的支持,一位就是布阿扎尔,另一位是他的好友、指挥阿明·古尼德拉。说起来,我的这个梦最初还就是在结识了阿明之后才产生的。记得那次布阿扎尔跟我见面后不久,我就应他的邀请去看了一场阿国家交响乐团的音乐会，韩国的一些演奏员参加了这场音乐会。演出结束后，我认识了音乐会的指挥阿明，他当场就表示要来拜访我，跟我好好谈谈想法，想搞点合作。我立即表示欢迎，而且我看完了这场音乐会后，脑子里也立即有了一个想法：既然韩国人可以跟你们合作演出，为什么我们不能搞一个中阿交响音乐会呢？而且最好是在中国的春节期间搞。阿明来见我的目的，主要是想让我安排他去中国访问一次，而且希望指挥一场中国的音乐会，而我则跟他谈了我的想法，他认为完全可以操作，但他说自己只是个指挥，决定权在他的老板布阿扎尔手里。于是，我很快就跟布阿扎尔说了我的想法，但他对这个提议一直不表态。后来了解到，布阿扎尔不表态的原因主要有几个：（1）作为阿尔及利亚的国家交响乐团，专门为中国春节搞一场音乐会没有先例，审批程序复杂；（2）阿国家交响乐团只是一个事业单位，预算有限，而组织演出要花钱，还要接待中国的同伴，文化部不给经费，他们负担不起；（3）对中国的交响乐水平不了解，顾虑重重。但我并不急于求成，我有的是时间感动他，做他的工作。接下来，我利用一切机会跟他谈我的想法。这期间，我曾先后促成他邀请前面提到的俞峰院长率团来访，浙江交响乐团、黑龙江交响乐团陆续来阿尔及尔参加音乐节，也促成了布阿扎尔亲自率阿国交响乐团访问青海、哈尔滨，进行交流演出。随着交流合作的深入开展，我的中国春节交响音乐会的计划渐渐地得到布阿扎尔的首肯，并终于在2014年列入了计划。为准备这场演出，2014年秋天，中国文化部给予了大力支持，专门邀请布阿扎尔团长和阿明指挥访华，期间与文化部指定的合作方国家大剧院进行了具体商谈，双方最终决定，以阿国家交响乐团为主，配以我国家大剧院的12名弦乐演员，外加我国两名歌剧演员，在2015年羊年春节前夕举办一场新春音乐会。现在想来，这真是一场技艺精湛、场面壮观热烈的高雅艺术盛会。无论是演奏员还是选曲，都经过仔细斟酌、挑选。阿国的演员不必说，中国来阿参演的小提琴首席演奏家李哲和歌唱家金郑建、柳红玲都是国内首屈一指的艺术家，演出队伍由国家大剧院的王争鸣副院长亲自带队，艺术总监高广健亲临指导。而作为策划人和总协调人，我更是倾注了全部精力安排外联、协调等工作。为了精心准备演出，2015年1月中下旬，我利用国内开会之机，特地抽出时间与当时正在北京参加研讨班的阿明见面，并请他跟男女高音见面，协商演出曲目。阿明充分尊重我的意见，我提出晚会上一定要唱《我爱你中国》这首歌曲，一定要演奏《节日序》，还有《瑶族舞曲》，他都愉快地给予答应。阿明真是个好人，新春音乐会有好几首中国的曲子，阿国演员并不熟悉，为了节省时间，他在从北京返回阿尔及尔前，特地给先期赶回阿尔及尔的我打电话，约我立即见面，和布阿扎尔举行三方会谈，确定最终演出方案，因为那时离演出时间2月10日仅有十几个工作日了，时不我待。记得当天中午布阿扎尔团长请我吃工作餐，我俩刚落座，就见阿明一路风尘地赶到，手里还拎着行李箱，一问才知道，他是刚刚从阿尔及尔布迈丁机场直接赶到交响乐团附近的餐馆跟我们会面，因为下午已经安排了阿团的排练，来不及回家休息了。阿明告诉我，为了今天的约见和下午的排练，他在巴黎戴高乐机场待了5个小时转机却没出机场，而他的家就住巴黎，女儿和夫人也都在巴黎生活，好几个月没见面了。阿明对事业的态度让我钦佩不已，十分感动。当然了，也正是有布阿扎尔和阿明这样的好朋友鼎力支持，中国新春音乐会才如期成功举办，并产生巨大影响。这里，还不能不提一下我当年的领导，杨广玉大使。杨大使也是个实干的外交家，他从来不搞虚情假意，讲话办事注重接地气、走基层，对我的工作一贯大力支持。就说这场音乐会吧，杨大使不但多次就音乐会的准备工作听取我的汇报，提出建议，还专门做阿高层朋友的工作，邀请其出席观看。刚刚接完高访团，已经身心俱疲的杨大使在演出的头天晚上在使馆举行了盛大的新春招待会，邀请即将参演的两国艺术家100多人参加，为艺术家们鼓劲打气。演出当天早上，他发高烧，但仍坚持来到阿尔及利亚国家电视台，参加"早上好，中国春节"专题直

石岳文参赞（右2）出席文化活动。

播节目，介绍中国春节习俗，并在节目中为当晚的音乐会做"广告"。我至今还保留着杨大使"骂我"的微信记录，他说我是要他的命啊，但说归说，杨大使的身体力行、靠前指挥，为羊年新春音乐会的举办提供了重要保证。布阿扎尔也很够意思，为了更多的观众能欣赏到这个节目，他事先还和我一道在阿尔及利亚国家电台做了访谈节目，并让我专门致函国家电视台台长，请台长对晚会进行采访、转播。台长是我多年的好朋友，对此活动也给予了大力支持，不但派出转播车录播了整场晚会，并马上安排播出，随后，又应我的要求，无偿地将母带提供给我国中央电视台，我则通过央视法语和阿语频道的朋友，安排将节目向全球播出。

之所以在这里费这么多的笔墨描述它的准备过程，是因为这台晚会实在让我难忘，准备过程实在漫长、艰辛，但演出十分精彩。精彩的镜头让人终生难忘，我记得演出当晚，800人的剧场座无虚席，演出前20分钟剧场已经关闭正门——当晚的演出是凭票和邀请函入场，但不少有邀请函而来晚的人根本就无法进入，因为座位早已满员（阿国剧场座位不对号入座）。我因为出来接人，也被门卫挡在外面，最后还是保安带着我从后门进入剧场，而座位则完全没有了，我只好站着看演出，后来，工作人员在楼上临时加了一把椅子给我。而当晚演出的曲目，我至今也记得很清楚，像《今夜无人入睡》《我的太阳》《饮酒歌》等等曲目都是世界名曲，又不乏《瑶族舞曲》《节日序曲》等中国元素，还有阿尔及利亚的《春天漫步》等交响曲，实在精彩绝伦。节目高潮迭起，掌声不断。记得演出结束时，全场起立，观众长时间鼓掌，久久不愿离去，以至于演员不得不多次返场。

承办庆祝中阿建交55周年征文大赛

另一件难忘的大事，就是举办庆祝中阿建交55周年有奖征文比赛活动。这个活动我从头至尾参与了策划、组织、实施，因此，至今其过程仍历历在目，影响也至今还在。这里，我不得不说这是刘玉和大使的一个好点子。早在2012年底，做2013年的工作计划时，他就说，要在当年的两国建交55周年之际，搞一个有点影响的活动，而不久前欧盟在当地联合《消息报》搞了一次有奖征文，效果不错。大使希望我和政治处主任史少静一同策划实施此事。我当时觉得，既然任务落在两家单位，我就不好单独贸然跟进，况且也不知道怎么具体操作好。挨了好久总没进展，大使又总提起此事，我看史主任也实在是太忙，分不开身，就硬着头皮接招在手，主动展开工作。根据刘大使的具体要求，我先找了阿官方阿文报纸《人民报》主编本贝拉和阿国家电台台长，联合他们两家单位共同商定举办有奖征文活动，并由两家媒体分别用一个版面连续刊登征文细则广告和广播一个月，宣布两名一等奖获奖者将有机会前往中国旅游一周，机票和经费由使馆负担，其他前13名获奖者也将分别获得笔记本电脑、手机等奖品。为保证评选结果公正、公开、透明，根据刘大使的建议，专门组成了由阿尔及尔二大副校长、文学院院长、友协主席、作协主席、《人民报》总编辑、电台台长、议会阿中友好小组主席以及使馆政务参赞安青和我本人组成的评委会。征文稿件统一发至为此专门设立的邮箱。重赏之下，一呼百应。经过一个月的收集整理，共收到了72篇有效稿件，评委们经过仔细阅读，最后投票选出了前15名获奖选手。10月21日，以刘大使的名义在使馆举行了盛大的颁奖晚会，邀请了所有参赛选手参加，当场拆封，宣布获奖名单。令人感动的是，不少选手来自阿尔及尔以外的地区，有的在南部沙漠地区，要坐一天一宿的火车，有的要坐两个小时的飞机，但他们都毫无怨言地来到使馆参加活动。记得有一位沙漠地区的选手此前一天特地打电话试探性地问我获奖名单是否有他，我不好提前透露结果，又不愿让他徒劳而归，就委婉地劝他若是太远就不必亲自跑一趟了，可他仍然坚持说，既然大使馆邀请我参加这个颁奖典礼，本身就是一种荣幸，因此，不管是否获奖，一定要来。结果，他还是来了，虽然没获奖，但也十分高兴。后来统计，颁奖那天除了少数几个选手因故未到外，大多数选手都来到了现场。

说到这个活动的影响，真是出人预料。首先是中铁国际阿尔及利亚公司的魏万征总经理得知使馆组织征文比赛的消息后，主动找到刘大使表示，希望参与活动，并提出愿意接待两名获大奖者访问北京的活动。不仅如此，中铁建后来还出资赞助使馆将15篇获奖文章原文和中文译文以及活动图片汇编成册，作为宣传品对外发放。而原定使馆要提供两张前往中国的机票给一等奖选手的计划也出现了"意外"，原因是阿航驻北京站站长大力·贾法尔先生回阿国休假，无意中看到报纸上的广告后，主动找到我，提出由阿航赞助两张到北京的往返机票给两位获奖者，并免费承担了活动纪念册从北京运回阿尔及尔的工作。受活动成功举办的影响，活动主办单位《人民报》临时调整计划，不但大幅报道了颁奖活动的消息，还将15篇获奖文章陆续全文刊出。由于许多获奖征文作者都是讲述其跟中国之间发生的真实故事，语言朴实、情感真切，发人深思、感人肺腑，有的读者眼含热泪读完文章，并专门写信给我，表达对主办方的感谢，表达对中国的热爱。不少读者来信我至今还保留着，每次读起来还让人津津回味。还有一件趣事值得一提，就是受这次大赛的影响，第三名的获奖者阿卜杜勒·卡迪尔（来自距离首都600公里的南部沙漠瓦尔格拉地区，是阿全国记者无国界组织的主席）参加完颁奖活动后，很受启发，回去也搞了一个全国性的纪念两国建交55周年活动——"庆祝阿中建交55周年有奖绘画作品征集比赛"，为期一个月的活动结束后，我和赞助单位中兴公司驻阿尔及利亚分公司的韩总以及阿国会议员穆罕默德特地从首都飞到当地，参加了颁奖活动。卡迪尔对我飞来参加活动很是感动，接待热情备至，此后经常跟我联系，跟我建立了深厚的个人友谊，至今还和我保持着书信往来，每逢中国的节日、重要活动都会发信问候我。而我也忘不了征文活动中另一位一直亲力亲为的参与者、《人民报》总编本贝拉先生，他就像一头默默耕耘的老黄牛一样，永远不声不响地干活，许多活动的细节，诸如广告词的撰写、活动的设计甚至邀请函的用语，他都不厌其烦地跟我商量，帮我修改，而这些经常是在深夜我从使馆回家，路过对面的《人民报》门口发现他办公室灯仍旧亮着时，临时进去跟他一起敲定的。那时也不讲什么外交细节，我们都是穿着便装，他有时也心血来潮，想起什么就直接给我打电话，叫我过去，有时工作累了就直接溜达到我办公室喝杯茶，顺便谈谈活动的进展。整个征文活动前后历时三个月，我一直说要请他吃一顿中餐，好好犒劳一下，可忙来忙去，直到我临离开也没能兑现这个诺言。更让我于心不忍的是，在颁奖典礼上，他作为评委、评奖人，在颁完奖后就急匆匆地离开了，饭就在眼前却没能吃上一口，怎么都留不住，因为他是阿尔及利亚唯一一家官方报纸的总编辑，实在太忙了，我对他实在太了解、太理解了。2015年夏天，我即将离开阿尔及利亚动身前往摩洛哥之前，本贝拉先生特地安排他的文艺版主编努尔丁对我进行了专访，我借此机会再次感谢了他对我的支持，畅谈了我们一起工作、完成征文大赛的过程，以及从此结下的深厚友谊。希望我有机会还那个欠了多年的愿，请他吃一顿中餐。

在阿国受到的款待和特殊礼遇

我在阿三年零三个月，大部分时间在忙于工作，忙得不可开交，天知道怎么那么多做不完的事。甚至2015年春天，我在阿尔及尔刚刚做完阑尾炎手术的第二天，还没下地，就在病床上代表国家汉办跟安纳巴大学校长签署了派遣汉语教师的谅解备忘录。布阿扎尔团长曾对媒体说，真主给人类派来使者穆罕默德，中国给阿尔及利亚派来了文化使者撒赫拉（我的阿文名字）。这话是对我的褒扬，更是对我的鼓励和鞭策。其实，除了工作、举办活动外，在阿国期间的生活也是丰富多彩的，我很想念一起共事的刘大使、杨大使、安青参赞、贺公参、吕参赞、尹武官，怀念三年中度过的美好、愉快的时光。我们经常一起出差、开会、旅游、喝酒、打球。当然，除了内部生活，这其中印象最深刻的还是感知阿尔及利亚人民的友好、真挚之情，还有阿尔及利亚朋友和官方给予我的特殊关照。不少场景构成了我对阿尔及利亚美好回忆中不可或缺的镜头。记得我第一次应邀去沙漠地区的瓦德参加当地的一个艺术节时，省长把我当成上宾，陪我出席活动，讲话中特地对我前来出席活动大为感谢。我是第一次到沙漠地区，穿的有些少，冻得直哆嗦。第二天早上，邀请人、当地的文化局长哈桑先生竟然给我买了一件骆驼绒的斗篷送来御寒。当我离开时，哈桑局长又送了我一大袋子花生、仙人掌果等当地特产，还特地给大使也备了一份，怕我不收，就直接带到了机场办好托运，我推都推不掉。在瓦德期间，哈桑局长不但带我参观了沙漠，还安排我走进了阿国首富杰马勒·马赫里（IBIS连锁酒店的老板，居住在巴黎）在当地老家的庄园。当然了，记忆最深、也更为风光的还是局长陪我进入沙漠的经历。这里说的不是沙漠怎么壮观，而是为了我的安全，安全部门出动五辆军车、20多名全副武装的宪兵，还有一台开道警车，全程护送、保卫。甚至我在沙漠休息、中午吃烧烤时，宪兵们也各就各位，站岗的站岗，放哨的放哨，简直太威武了。哈桑局长也是想得特别周到，出发时就雇了一台车，备好了新鲜的各种肉串和烧烤用具，包括煤气罐、各种饮料，就在沙漠深处招待了我一顿野餐。我十分感动，开饭时，特地把警卫都招呼过来，大家一起享用。说到警卫，这还不算最高级别，2014年底，阿文化部邀请我去南部的塔曼拉塞特高原参加活动时，不但给我配备了同样配置的警力，还配备一名贴身保镖，让我啥事也干不了，除了在旅馆，每走一步他都跟着我，真是让人有种说不出的味道——平生哪有这么高的待遇，若在国内，怎么也得是副国级才能享受的了。

我前面提到的那位记者无国界协会主席，对我也是超级热情。那次，为了迎接我的到来，他特地在沙漠里搭建了一个大帐篷，供我休息落座。期间，他还雇来一支马队，专门为我表演骑马舞。临走，他还准备了一颗橄榄树，让我亲手种下。我怎么都想不到，沙漠地区的阿尔及利亚朋友这么热情，想得这么周到，而我们又该如何回敬人家？这恐怕是一个值得我们好好研究、学习的大问题。

阿尔及利亚朋友的热情数不尽道不完，有些只能亲身感受。阿尔及利亚的故事也写不完，只能留在记忆的长河里，慢慢地回忆。在本文的结尾，我衷心地祝愿阿尔及利亚人民幸福安康，祝愿我们和你们的友谊万古长青！

人物篇

> 穆福迪·扎科里亚：在穆斯塔法·福鲁赫的葬礼上
> 吴富贵：他的命运与中国连在一起——访"中国阿拉伯友好杰出贡献奖"获得者达布什教授
> 鲁特菲·穆戈迪姆：我在中国的经历
> 张玉楠：妈妈的随居生活
> 扎克利亚·侯赛因：我的中国经历：一名阿尔及利亚留学生的见闻

在穆斯塔法·福鲁赫的葬礼上

穆福迪·扎科里亚（阿尔及利亚革命诗人）

哪只雄鹰消失在天际？

哪颗星星黯淡在尽头？

你们派遣穆斯塔法作为使者，

是飞向天使怀抱，还是北京？

他，在天际目睹了惊恐？

还是在中国看到了高贵？于是飞走

或者两者皆有？因为彼此相似的丰润

他以为天际就是"中国"，由此心满意足？

看到了永恒近在咫尺，去追寻？

看到了他的尊贵，从此走远？

他在大地上找寻的高尚，

是不是答应他去天空相见，于是他离开？

为什么烈士们看到他走来，

那么高尚……却邀请他面对死亡……

他不想孤单面对死亡，

还选择了优秀的一家人陪伴……

你们派遣穆斯塔法作为使者，

是去往北京，还是飞向天使怀抱？

穆斯塔法照亮了人民

让无数生命沐浴芬芳与希望

化作灰烬吧……遍布热风中

你的尘埃成为建设的砖泥；

化作碎片吧，像法官一样

在胆小鬼头上施加惩罚；

作为使者吧，无论在哪儿

天空或大地，你会找到我们的支持者；

为人民鞠躬尽瘁吧，就像

不久前，在这儿，你为人民的付出；

向苍穹诉说我们的故事吧

你曾是我们的战争英雄；

去讲述人民革命吧，

你是建设家园的巨人、思想天才。

你们派遣穆斯塔法作为使者，

是去往北京，还是飞向天使怀抱？

也许你会听到世间的消息

我们在奋战，绝不退缩，

我们讲述浸满鲜血的大地

我们在泥土中插下肋骨，

在山坡上播撒生命

浇灌，直到作物发芽，

（在山谷）我们举行研讨

确立原则成立团体，

我们的《苏玛姆》章程胜过

所有的宪章，然而最终陨落。

是我们，把非洲解放

让它摆脱了一伙瓜分它的强盗，

各国人民从我们的革命中

等待曙光，期盼破晓，

你们恣意妄为、放纵吧

我们手握大炮。

你们派遣穆斯塔法作为使者，

是去往北京，还是飞向天使怀抱？

穆斯塔法……在真主佑护下的烈士，睡去吧

信仰永恒吧（就像母亲对孩子的信仰），

我没忘，我们拥有的永恒记忆，

把这一生当作节日铭记，

我没忘，你告别我们的那个夜晚

你给我们唱着建设之歌，

为什么你要我们体谅？是不是

穆斯塔法你知道自己不回来？

穆斯塔法你一直活在我们中间

你是上天创造的新生,

你接受了人民鲜血的洗礼

不悲,不腐,更不会消亡。

你们派遣穆斯塔法作为使者,

是去往北京,还是飞向天使怀抱?

注:这首诗歌由阿尔及利亚革命诗人穆福迪·扎科里亚为穆斯塔法·福鲁赫在突尼斯举行的葬礼而作。1960 年 9 月,穆斯塔法·福鲁赫被任命为阿尔及利亚临时政府驻中华人民共和国大使,赴北京履新,与所有家人在从开罗飞往北京的途中因飞机失事不幸遇难。

他的命运与中国连在一起
——访"中国阿拉伯友好杰出贡献奖"获得者达布什教授

吴富贵（中国阿拉伯国际合作中心副主任）

2016年金秋时节，中国人民正沉浸在欢庆建国67周年的喜庆氛围之中，阿尔及利亚—中国友好协会主席达布什教授应对外经贸大学外语学院阿拉伯语系邀请，不远万里来华进行学术访问。期间，达布什教授为北京地区高校师生作了一场题为"中国和阿尔及利亚的关系"的精彩演讲，受到有着不同学科与政治、文化背景的资深阿拉伯语专家和阿拉伯语在校师生们的热烈欢迎。

初识印象

10月12日下午，在对外经贸大学诚信楼1218会议室举办的"中国和阿尔及利亚的关系"座谈会上，我们有幸与达布什相识。

表面上看，他是一位极普通的阿尔及利亚人，年龄60岁左右，身材中等精悍，衣着朴实无华，目光友善而犀利，举止神态毫无出众之处。然而，他的发言却给我们留下了深刻印象。他所谈的内容，并非仅仅是中阿友好，而涉及两国民间外交如何探索新的合作模式，两国经贸企业如何在"一带一路"建设中真正实现互惠互利合作双赢。他提出一整套合理而可行的建议，博得与会者的热烈响应和赞赏。

达布什教授说，阿中传统友谊深厚，1958年9月阿尔及利亚共和

人物篇

吴富贵、王燕夫妇与达布什合影

国临时政府成立后,中国即予以承认,是世界上第一个承认阿尔及利亚的非阿拉伯国家。同年 12 月 20 日,阿中两国正式建立大使级外交关系。

此后的几十年间,阿中两国始终保持了良好的外交关系。阿尔及利亚成为中国最重要的经济合作伙伴之一。目前,中国有超过 5 万人在阿尔及利亚工作和生活。

值得提及的是,2014 年 2 月 24 日中国和阿尔及利亚同时发表《中阿关于建立全面战略伙伴关系的联合公报》,正式宣布建立中阿全面战略伙伴关系。阿尔及利亚是阿拉伯国家中第一个同中国建立全面战略伙伴关系的国家,这充分体现了中阿两国关系的重要性及双边合作的广度、深度和高度。

阿尔及利亚是非洲大国，在阿拉伯、伊斯兰世界及不结盟运动中发挥着重要作用。中国是最大的发展中国家。两国自1958年建交以来，始终是患难与共的好兄弟、互利共赢的好伙伴、守望相助的好朋友。2004年中阿建立战略合作关系以来，双方各领域合作全面快速发展，进一步提升双边关系已成为两国和两国人民的共同意愿、共同期待，也符合两国的根本利益，可以说是水到渠成。因此，习近平主席和布特弗利卡总统共同决定，在中阿建交55周年和建立战略合作关系10周年之际，将双边关系提升至全面战略伙伴关系水平。

其人其事

伊斯梅尔·达布什教授出生于1956年2月，毕业于英国约克大学，获得政治学和国际关系博士学位，曾任阿尔及利亚总统政治顾问（1996—2000年），现任阿尔及利亚—中国友好协会主席、阿尔及利亚总统中国事务政治顾问。

阿中友协成立于1993年，是阿全国性非政府组织。达布什教授是阿尔及利亚第一大党、现执政党民族解放阵线中央委员会委员，在阿社会各界拥有重要影响力。他长期积极推动中阿官方和民间友好关系发展，定期在阿尔及利亚主流媒体撰写政治时评文章，阐明中国在有关地区和国际问题上的正义主张，极大地提升了中国在阿尔及利亚的形象。值得提及的是，2016年1月20日，习近平主席访问埃及期间，向十位荣获"中国阿拉伯友好杰出贡献奖"获奖者颁奖，达布什教授就是其中之一。

获奖后，达布什教授在接受记者采访时深情地回顾了阿中友协自1993年成立至今与中国建立友谊与合作的经历。

他说："阿中友协是最早看到中国巨大发展潜力的北非地区10个阿拉伯民间团体之一，从那时起，我们就努力建立与中国的长期互利合

人物篇

吴富贵夫人王燕（右）、人民网阿尔及利亚籍专家法伊萨·卡布（左）向达布什赠送《阿拉伯侨民在中国》新书后合影留念。

作关系。"阿中友协是阿拉伯世界22个国家中知名的友好协会，成立25年来，业务及合作伙伴遍及中国24个省、市、自治区。

如今，经过20多年的艰苦努力，阿中友协已发展壮大，成为连接中国与阿尔及利亚、与阿拉伯世界各国的桥梁。

2010年10月接任阿中友协主席后，达布什马上就抓住机会带领阿中友协同中国开展业务往来。目前，阿中友协是中国最大的林木酒业产品供应商之一。阿中友协带领阿尔及利亚林木企业家，向中国提供质量一流的特殊木材，如阿尔法草、阿月浑子及栓皮栎木材。其中栓皮栎的树皮，即教科书上所说的栓皮，俗称"软木"，具有质地轻软、富有弹性、

105

不透水、不传热、不导电、耐磨、防震等特性，在中国轻工业特别是制酒工业中用途广泛，典型的例子就是制作葡萄酒的瓶塞。此外，栓皮在救生圈、电气绝缘材料、各种机器零件的衬垫、软木纸、机械工业上的隔热、隔音板、软木地板等的生产中同样用途广泛。日常生活中的名片、文具笔筒、扑克牌、烟灰缸、纸篓、羽毛球底托等的原料中，也均可见来自阿尔及利亚的栓皮栎树皮层的身影。

除了林产品之外，达布什教授还带领阿中友协开动脑筋寻找两国在教育、文化及历史人文等领域的空白点，积极开展与中国的友好交流活动。

达布什曾带领本国大学生多次参观由中建集团阿尔及利亚分公司承建的阿国家会议中心项目工地，并与中建公司代表进行座谈，向学生们介绍中国企业的高效与品质，讲解阿国家会议中心项目建成后的深远意义。学生们深切感受到，阿尔及利亚国际会议中心，不仅是两国经济合作历史上的成功典范，也是密切阿中两国政治与文化联系的载体，是阿中传统友好与现代互利合作关系的永久见证。

当年曾陪同参观的时任中国驻阿尔及利亚大使刘玉和指出，达布什教授和阿中友协不仅是传统阿中友谊的见证者，更是中阿友好合作的传承者、贡献者。由阿中友协筹划和组织的参观活动，可以让阿尔及利亚青年学子们有机会深入了解中阿各领域互利合作的真实情况，从而激励他们透过现象看到本质，珍惜时光，努力学习，以便为今后参与和推动两国务实合作作出自己应有的贡献。

"患难见真交"，这是达布什对阿中关系的精确总结。他深情地对学生们说："因为在阿尔及利亚解放期间，中国曾为我们提供了大量无私援助。中国始终支持我国的民族解放运动，给予过我们很多帮助，因此一直获得亚非一些第三世界国家的支持。20世纪90年代，阿尔及利亚陷入危机动荡时期，是中国将一船一船的救济物资运抵，帮助我们渡过了难关。"这也是中国人遇到的几乎每个阿尔及利亚人都会提及的一段两国传统友好历史。为此，2012 年，在庆祝阿尔及利亚国庆 50 周年之际，阿政府曾向已故的中国领导人毛泽东、周恩来颁发"阿尔及利亚独立贡献奖"。

相比而言，中国的年轻人却很少知道阿尔及利亚是非洲面积最大的国家，也鲜少有人能够说出这个全面战略合作伙伴曾为中国作出的重要贡献——上世纪 70 年代初，著名的"两阿提案"成为中国得以重返联合国的重要基石，而阿尔及利亚正是重要提案者之一。1971 年 10 月 25 日，第 26 届联合国大会以压倒多数通过阿尔巴利亚、阿尔及利亚等 23 国的提案，恢复中华人民共和国在联合国的一切合法权利。

为了从两国年轻人抓起，2017 年，由阿尔及利亚—中国友好协会和中国阿拉伯友好协会同共同举办的"中国阿拉伯青年友好大使项目"暨中国阿尔及利亚青年学术对话活动在阿尔及尔第三大学举行。本届活动的主题是"青年在推进'一带一路'中的作用"。这一主题很有远见，未来属于年轻一代，加强青年人之间的交流，促进彼此了解，对于沟通中阿民心、促进中阿友好意义重大，参加活动的中阿青年既有老朋友，也有新面孔，说明中阿友谊正在青年人中间生根发芽，让友谊、和平、合作的光芒照亮丝绸之路。

获奖感言

2016 年 1 月 20 日，"中国阿拉伯友好杰出贡献奖"颁奖仪式在埃及首都开罗尼罗河畔著名的四季酒店会议大厅隆重举行。在全场热烈的掌声中，中国国家主席习近平走进会场，与包括达布什教授在内的 10 位阿拉伯友人一一握手，亲自为每位获奖者颁发奖章和证书，并同他们合影留念。

获奖后，回到阿尔及利亚的达布什教授受到中国驻阿尔及利亚大使杨广玉的亲切接见。杨大使说，习近平主席 2016 年 1 月在埃及亲自为达布什主席颁发"中阿友好杰出贡献奖"，充分证明了中方特别是中国领导人对发展中阿民间友好合作的重视和对阿中友协工作成绩的肯定。中阿合作需要所有人的共同努力，希望阿中友协再接再厉，继续为中阿友谊添砖加瓦。

达布什教授激动地说，获得"中阿友好杰出贡献奖"，并同习主席合影留念是我一生中最大的荣誉。

"从事阿中友好工作至今，我亲眼目睹了中国大地所发生的巨大变化。更值得庆幸的是，这些变化，像一根纽带，把我的命运与中国联系在一起。对此我感到非常荣幸，不是为我自己，而是为阿中友协所有辛勤工作的员工们。从 1993 年起，阿中友协就不断派代表团到访中国，努力建立与中国的友好合作关系。获奖是中国政府对我们真诚合作的肯定。得到这个荣誉，我为阿中友协的员工和中国的合作伙伴感到骄傲，获得中国阿拉伯友好杰出贡献奖是阿中双方共同努力的结果，所以这个奖项也有中国朋友的一半。"

我在中国的经历

鲁特菲·穆戈迪姆（中国国际广播电台专家、阿尔及利亚资深媒体人士）

中国在我心中有着独特的地位，我与这一伟大文明、这个受人尊敬的国家的最初相遇是因为龙的神话，它带我走进了这一具有5000多年历史的文明。第二次相遇是我去费尔哈特·阿巴斯总统故居和办公室参观时，看到这两个地方仍然保存着一些特殊的礼物和写有金色字母的红旗——阿尔及利亚临时政府首脑及其随行团曾经作为嘉宾出席庆祝中华人民共和国建国十周年活动，这面红旗表达了阿尔及利亚人对中国的尊敬和热爱。当时阿尔及利亚处于当代历史的关键时期，正逢收回领土主权、进行解放战争这一重要阶段，经历过同样了不起的巨大牺牲的中华民族给了我国巨大的支持。在此之前，中国为了战胜日本侵略者而经历了长期的战争。日本在中国犯下了累累的罪恶，但最后正义战胜了邪恶。

费尔哈特·阿巴斯的办公室里仍然保存着他与毛泽东主席、周恩来总理会见的纪念照、录音和影像。在他去世后出版的书中，也记录了他与这两位中国领导人的长时间对话。

这次参观过程的点点滴滴至今在我的记忆里依然非常清晰。在我看来，中国虽然是个地理上非常遥远的国家，她对于我的心灵却很亲近。你可能想不到中国如何成了第一个奏响阿尔及利亚国歌的国家。

当2013年第一次有机会到中国时，我非常高兴能够领略这个在短期内各领域取得发展的神奇国度。我对中国的第一印象是在深圳——被称之为"中国硅谷"的城市，这里有活跃在高新技术领域，特别是互联网、云计算、智能手机应用程序、物联网、人工智能、数字化以及各种通信网络领域的最大最先进的中国公司。深圳是一个国际化的现代都市，有很多不同国籍的人生活在这里。在文化与民族融合方面，深圳的城市精神与世界各个大城市没有什么不同，它成为中国卓越的科技之城。中兴通讯公司组织了来自世界各地尤其是非洲和阿拉伯国家的朋友到其研发中心、实验室、通讯学院参观，让大家在中国找到了志同道合的伙伴、伸出援手的朋友，帮助促进科技向为了发展有此需求的友好国家转移。更让我高兴的是，通讯学院有来自阿尔及利亚的老师，他们不但从事教学，还帮助把中国科技转移到有迫切需要的阿拉伯和非洲国家，促进这些国家实现符合自身条件的发展。

回到阿尔及利亚后，这次在中国的见闻已深深留在我的脑海里，过去从西方通讯社和媒体机构的新闻报道中得来的看法彻底改变了。这次访问后，我开始将所读到的和亲眼目睹的进行比较。

中国前驻阿尔及利亚使馆文化参赞石岳文先生曾问起我是否有可能到中国从事新闻工作，这个提议让我格外高兴。我曾与中国国际广播电台阿拉伯语部当时的负责人张立老师见过面，一起谈到了阿语频道的工作及其在促进中国与阿拉伯国家尤其是与阿尔及利亚之间相互关系方面发挥的作用。之后，妻子的鼓励更加坚定了我前往中国进行尝试的决心。妻子说：世界在变，而变化首先来自东方而不是西方。

我于2013年12月14日抵达中国首都北京，那是一个非常寒冷的夜晚，这种天气在北京很常见。不过，与中国同事们的见面把这个寒冷的天气变成了真诚温暖的感觉。

我开始了新工作，身处由阿拉伯兄弟和中国同事们组成的大家庭中，这种快乐而敬业的氛围让我感到幸福。我努力在短时间内迎接新工作的挑战。在这个逐渐能够引领国际各领域发展的伟大国家里，我们媒体的作用是让外界听见中国的声音，让中国的报道摆脱西方媒体的模式化。

1960年9月30日,毛泽东主席会见阿尔及利亚共和国临时政府总统阿巴斯·费尔哈特。

  我来到中国时,恰逢习近平高瞻远瞩地提出了"一带一路"倡议,大多数国际关系与政治研究专家将此形容为"世纪倡议"。它同时遏制了贸易保护主义、封闭、孤立和仇恨——这些思潮助长了不少西方国家民粹主义的抬头。"一带一路"倡议致力于建立一个人类命运共同体,让各国能够互利共赢,而不是由任何一方控制或把自己的发展模式强加给他国。

  中国奇迹在各方面都体现出来。由于工作原因,我有很多机会见证中国取得的巨大成就,首先是中巴经济走廊。中国的东部地区已经取得了巨大发展,如上海、天津、广州、青岛等成为享誉国内外的大城市。为了实现东西部平衡发展,中国对其西部地区进行大开放,在东西部之

中国党和国家领导人毛泽东、刘少奇、董必武、朱德、周恩来、陈毅、贺龙等与阿尔及利亚共和国临时政府总统阿巴斯·费尔哈特及其率领的代表团全体成员合影留念。

间构建共同发展的纽带。中国政府强调，要让西部地区也享受到中华民族伟大发展的福祉，成为中国与亚欧国家之间交流的枢纽。为此，中国中央政府与新疆维吾尔自治区地方政府大力进行基础设施建设，高速公路、铁路、桥梁和陆地口岸等的建设，不仅打破了新疆地区地理上的孤立状态，更是发挥了其作为中国内地和中亚国家之间枢纽的战略作用。尽管新疆有像阿尔泰山、天山山脉和戈壁沙漠等不利的地理环境，高山地区寒冷干燥，地势低洼地区和沙漠地区气候炎热，都不能影响中国人为实现飞跃发展而前进的决心。我到过红其拉甫，它是世界最高的陆地口岸,位于海拔6000多米的中国与巴基斯坦交界处,是中巴经济走廊上的重要节点。以前从喀什到这里需要花费三天以上的时间,而现在只要几个小时便可到达。正是基础设施的改善让这个地区的人民不再与世隔绝。

我到中国以来,去过新疆不止三次,每次它所取得的经济社会发展成就都让我惊讶。更让我钦佩的是新疆各民族间和睦相处以及中央和当地政府为教育作出的努力。它们制定了宏伟的计划来推进这一关键领域,让北京、上海等地区的著名高校和新疆的大学加强合作,并允许新疆学生到这些高校继续深造,聘请资深教授到新疆执教。令我赞叹不已的还有中国对待少数民族的优惠政策以及中华民族和睦共处的传统,我也由此认识到了每个国家都应该有符合自己特征、按照自己步骤前进的发展道路。

谈到发展,在来到中国之前,我听说中国是世界上第一个在消除贫困、稳定贫困地区人口、建设环境友好生态系统、防治沙漠化、推广清洁能源方面实现联合国2015年可持续发展目标的国家。中国国际广播电台阿语频道负责人赛米拉(蔡静莉)提出,我可以与同事雅古特(戴贝)一起完成防治沙漠化的专题节目,并与上世纪70年代初启动的阿尔及利亚"绿坝"工程作比较。我们二话没说便决定开始行动。我们直接去了宁夏,在那里我们看到,中国人每天都在顽强抵御着沙漠的扩张,他们以决心和双手保护着每一寸土地,抵抗贫瘠荒芜的肆虐。

他们提出了非常聪明的工作方法,让所有人受益——当地农民和居民都努力防治荒漠化,因为他们是利益相关方。另一方面,政府也帮助他们改良土地,种植适合的农作物,提倡养殖易在当地环境下饲养的牲畜,如绵羊、山羊和鸡等,这样有助于稳定人口、帮助他们摆脱贫穷。特别是"互联网+"政策,让农民有机会在电子商务平台创建网店,使他们能够直接接触客户,而无须通过影响其收入的中间商。

通过在中国的这些经历和访问，我每天都在见证中华民族在文化、经济、社会生活各方面日益快速的发展。北京，从我到来之初，这个城市每天都在变得更好。在我看来，今天它已经是东亚甚至全世界最具有活力的城市之一，同时还是文化最为开放的城市之一。北京的剧院、展览馆、博物馆和艺术馆每天都在举办最高标准的文化活动。故宫、颐和园、国家大剧院、国家博物馆都是传播文化的地方，用艺术和审美真诚地照亮着世界。我曾有机会在阿尔及利亚通过前来参加文化节的中国艺术团及其演出来了解一些中国文化。在杨广玉大使、石岳文参赞的大力推动下，中国驻阿大使馆在向阿尔及利亚民众介绍中华文明和文化上取得了成功，通过在两国学者、艺术家之间组织多次研讨会、建立对话机制，大大促进了两国间的文化交流。此外，我还记得阿尔及利亚第一个新闻奖项颁布时，获得最佳报道奖的就是一篇有关阿中两国关系的文章。这次比赛办得非常成功，获得了各方媒体的高度赞扬。我还记得其中一个获奖作品是我朋友叶齐德·艾伊特·穆希丁主编制作的一部有关他中国之行的纪录片，他特别突出了科技发展、在华阿尔及利亚留学生和会中文的本国人这类文化现象。

总之，对我个人和我的小家庭而言，中国将留在我们的心灵和生命里。2015年11月20日，我的大儿子在北京石景山医院出生。我永远不会忘记医院的中国医护人员秉持的专业技术和仁爱之心，他们付出了远超过分内职责的努力，我对他们万分感激。我给儿子取名叫费尔哈特·阿德里彦，与他祖父费尔哈特一样的名字——他祖父在我来中国之前去世了。父亲生前祝福并鼓励我到中国来，为架设阿尔及利亚与中国友谊的桥梁作出贡献，就像费尔哈特·阿巴斯总统和毛泽东主席一样。

妈妈的随居生活

张玉楠（中国外交部三秘，曾任驻阿尔及利亚使馆随员）

2009 年 4 月，参加工作仅两年的我，从比利时转赴驻阿尔及利亚使馆工作。这是我第一次踏上非洲大陆，家人为此十分担心。虽然我一直告诉他们，北非的条件比想象的好很多，我们在使馆的生活也十分温暖丰富，可非洲给人的印象似乎过于深入人心，荒凉的景致、落后的基础设施、陈旧的馆舍、匮乏的物资，实在无法让他们真正放心。为了结束这种两相牵挂的状态，2009 年底，我决定把妈妈接到使馆。由此，妈妈开始了长达一年半的随居生活。

跟头一次去比利时探亲不同，这次，不会外语的妈妈也是自己过来，我却放心不少。虽说论起国际化程度和设施便利条件，阿尔及利亚比欧洲要差得多，但阿国人民对中国那种发自内心的友好，却是在欧洲国家很难体会的。阿航每周都有往返北京和阿尔及尔的直飞航班，去中国做生意的阿国人和来阿出差、务工的中国人往来穿梭。在街上看到黄皮肤、黑眼睛的亚洲人，当地人会热情地用中文打招呼。中国人经常光顾的菜市场里，小贩们用中文高声叫卖，时常让人有种时空错乱的感觉。

起初我跟妈妈说她还不信，后来带她出过几次门，她果然被当地人的热情幽默感染了，胆子也渐渐大起来，我上班的时候她竟然可以自己去菜市场，买回那些我都不知道法语怎么说的菜肉瓜果。我告诉妈妈，当年阿尔及利亚争取独立的过程十分艰辛，中国克服自身匮乏条件给予了大量无私帮助，很多人都是拿着中国援助的武器跟法国殖民者打仗的，所以老一代阿尔及利亚人都对中国怀有极其深厚的感情。上世纪 90 年代，阿尔及利亚经历了十年动乱，多数外国政府都撤回了援助和合作项目，中国使馆和公司却一直坚守自己的承诺，大力支持阿国恢复稳定、重建国家，阿国人民深受其益。妈妈听后深感其然。

有一次下班回家，妈妈兴奋地端出一盘她自己做的当地点心，惊得我口水一地。原来是她路遇邻居阿国大婶并帮忙拎东西，大婶为了表示感谢，就请妈妈到家里做客，还教她做点心。我问妈妈是怎么跟人家交流的，妈妈神秘地说，心有灵犀一点通！这以后，她竟然很少再抱怨我加班。我想，是这份珍贵的患难友谊让她知道，我们肩上的担子是怎样一份沉甸甸的寄望与传承。

也正是因为这份友谊和信任，在阿尔及利亚，很多重大民生工程项目，比如道路桥梁、集体民居、大学城等，都是由中国公司承建的。尤其是许多条件艰苦的地区，都有中国工人和医疗队在为改善当地人民生活辛勤劳动。适逢暑假，很多馆员家属都来探亲，使馆俱乐部组织大家参观中阿合作项目，选择的项目是首都之外的一段高速公路和一家当地医院。高速公路横贯撒哈拉沙漠边缘的茫茫戈壁，承建的中国公司在沿途一块条件较好的地方建起了营地。家属们看了一路黄土滩仙人掌，一进营地就被惊到了：营地里不仅宿舍、食堂、健身房一应俱全，房前居然还有一片片绿油油的菜地！工人们修路之余引水种菜，不仅使单调的营房生机盎然，还解决了当地蔬菜稀缺的问题。中国人自力更生的勤劳智慧展现得淋漓尽致。

医院是当地最大的公立医院，有一组派驻的中国医疗队，医生多是当地最缺的眼科和妇科大夫。虽然是周末，阿籍院长还是亲自跑来给大家讲解。说到中国医疗队，院长格外动情。他说，1963年中国向非洲派出的第一支医疗队就是派到阿尔及利亚，他母亲当年生他时难产，就是中国医生救了他们母子的命。他因此立志学医，现在能继续跟中国医生一起救助自己的人民，他感到无比荣幸。

参观归来，妈妈十分激动，一整晚都在向我讲述参观的经历。从荒漠里的"世纪工程"到工人们的朴实达观，从医院的简陋条件到医疗队的动人事迹，妈妈脸上闪动着自豪的光芒。我知道，那是中阿合作的成果在她的心里发热发光。

除了妈妈，馆里还有不少随任家属。外交官们平时工作繁忙，家属们就经常各显其能、互帮互助。比如会开车的带大家出门，会外语的帮大家翻译，没事一起聊聊天解解闷，相互切磋切磋厨艺、生活窍门什么的。很快，妈妈的日子就跟着忙碌起来。她跟家属们一起把房前屋后闲置的土地利用起来，种上当地没有的各季蔬菜；给使馆院子里的果树剪枝施肥，一起"研制"各种果汁果酱；遇到使馆有重大活动，就去给厨师帮忙，洗菜择菜，刷盘刷碗，顺带"学艺"。不久，我家的日子也红火起来，东家的韭菜、西家的苦瓜接踵而至，春天的无花果、秋天的葡萄应接不暇，东西南北的土特产和看家菜轮番登场，妈妈对各大商场超市的行情甚至比我都熟，时不时还能冒出两句外语。妈妈腰不好，看到她经常几个小时几个小时地蹲在菜地里劳作，我十分担心，她却乐此不疲。在她心里，能让为"国家大事"忙碌的女儿吃上一口新鲜果菜，能亲眼见证中阿友谊之树开花结果，也是她这个妈妈的一份成就吧！

当然，妈妈最开心的还是有机会能"借女儿的光"饱览当地的自然人文景观。阿尔及利亚地处地中海南岸，扼守撒哈拉沙漠北缘，是真正的"一半海水一半火焰"。临海地带，蔚蓝的海水衬着红壤绿树，炫耀着大自然的丰饶明丽，古罗马遗址蒂巴扎和法式风格浓郁的港口城市奥兰分别讲述着阿尔及利亚的殖民历史。沙漠地带，响晴的蓝天下，沙丘泛出耀眼的金色，帐篷、驼铃和骆驼刺描绘出游牧人的生活图景，更有深藏在沙漠腹地的人类文明瑰宝——塔西里壁画，珍藏着远古游牧民族的文明印记。而沙漠和海岸之间的戈壁高原上，保存完好的黄土小城座座伫立，许多依然延续着这个伊斯兰国家最传统的生活方式。

张玉楠的妈妈在使馆留影

　　给妈妈印象最深的却是一座联结起历史和现代的古城——卡斯巴。卡斯巴古城坐落在首都阿尔及尔市东北，占地 45 公顷，顺着山势由高到低分布着王宫、住宅区、政治商业区和沿海防卫区，一直延伸到海边。特殊的地理环境、合理的功能布局以及当年惊心动魄的反殖民史，构成了古城兼具土耳其和阿拉伯传统的独特建筑风格和堪称民族独立斗争楷模的特殊精神价值。在曲折的小街间一路逐级而下，窗上随风轻摆的新洗衣衫、临街埋头劳作的手工匠人、街边黑巾宽袍的阿拉伯妇女、路旁嬉戏欢笑的无忧孩童，浓郁的生活气息和厚重的历史魅力在最平凡的生活场景中完美融合，让我们忘记了时间的流淌，忘记了民族的差异。妈妈一路上兴奋地问这问那，时不常地拿所见所闻跟家乡哈尔滨作着比较。我就给她当起了临时导游，讲解着阿尔及利亚人民的生活智慧和顽强的独立精神。看着妈妈沉醉的表情，我满怀欣慰，我知道，她此刻已是我为之奋斗的事业最大的支持者。

短短一年半，稍纵即逝。2011年3月，我结束任期回国，妈妈也随我回到了北京。虽然在阿后期，妈妈因为水土不服眼睛出了问题，而当地医疗条件有限，耽误了治疗，以致妈妈的眼疾至今未愈，但提起那段在阿随居的经历，她却满是深情的怀念。

现在，我和爱人到了南非，为了照顾出生不久的外孙，妈妈又在这里开始了她新的随居生活。身在南非的妈妈仍然常常说起她远在北非的菜地。还有市场的小贩、邻居的大婶、中阿合作的项目以及沙漠和海水环抱的古城，妈妈也依然如数家珍。驻阿使馆和当地的那些朋友，如今都是她朋友圈里的常客，即便隔山隔水，也都不忘时常互致问候、相互关怀。

昨天，妈妈在新家的后院也开了一块菜地。谁知道呢，也许以后她也会念叨起南非的菜地、中南合作项目和友好的南非人。虽然因为我们从事的工作，不得不让妈妈退休后还跟着我们过这样候鸟般的生活，但值得欣慰的是，中国与非洲的友谊，从北到南，都会成为老太太心中一份特殊而美好的记忆。

我的中国经历：
一名阿尔及利亚留学生的见闻

扎克利亚·侯赛因（阿尔及利亚来华留学生）

我叫扎克利亚·侯赛因，是一名来自阿尔及利亚的留学生。我毕业于中国著名的高等学府，相继获得了以下学历学位证书，分别是：北京大学汉语初级水平证书、北京语言大学汉语中级与高级水平证书、北京理工大学工商管理学硕士和博士学位。

今年恰逢阿尔及利亚与中国建交60周年，我想借此机会谈谈我在中国的求学经历，说说我对中国的印象，还有我在这个友好国家生活期间发生的故事。

作为一个在中国多所高校辗转求学七年有余的留学生，下面我将讲述我在中国的经历，以及我对这个伟大国家的看法。

每个人都有自己的故事。我与中国的故事始于2007年9月，我来到中国的顶级学府——北京大学学习汉语语言基础。整整一年，我每天都在学校里学习八个小时。汉语是一门优美、充满智慧和哲理的语言，真的让人叹服。学习期间，我也感受到了这个国家的美。中国经济的迅速崛起、中国人民的勤劳苦干与坚强意志令我刮目相看。这样一个充满干劲与活力的环境更加坚定了我学习汉语、了解中国人民和中国传统文化的决心。

一开始，我觉得汉语非常难学，但很快我便改变了这种想法，和中国人一样不畏挑战、充满勇气。这一切都归功于我的老师们，他们发现我很适合学汉语——与其他同学相比，我所有的发音都很到位。这让我信心大增，加倍努力地学习汉语基础和汉语语法。

几个月后，我可以浏览一些中文网站了，我把个人电脑和手机的设置都更换为汉语，改用汉语输入、交流。这门语言博大精深，通过它我学习了中国的历史与文化，这让我真正感受到它的神奇，发觉自己仿若置身梦境，仿佛就在自己的祖国。

就这样，一年过去了。我来到中国时，没有任何语言基础，而一年后的我已具备了新的语言能力，无须借助英语就能与我的中国朋友们交流。

2008 年，中国首都北京举办奥运会，我以外国留学生的身份尽了自己应尽的义务，作为志愿者为北京奥运作贡献。

再说回学业。一年后，我进入北京语言大学继续中级汉语和高级汉语的学习。在此期间，我取得了理想的成绩，有了很大进步，先后拿到两个级别的汉语证书。梦想还在继续。2009 年，我考取了北京理工大学经济管理学院的工商管理学硕士研究生。经过两年勤奋苦读，我拿到了硕士学位。读研期间，我体会到中国在高等教育、科研领域的进步速度，也发现中国为教育科研部门的发展投入了物质与精神支持，以推动各领域的全面发展与进步。

所有这些都让我想进一步了解这个伟大的国家，希望无论是我个人还是我的祖国都能够学习中国经验，从中受益。于是，2011 年获得硕士学位后，我决定继续深造，攻读博士学位。被顺利录取后，我又获得了阿尔及利亚高等教育与科学研究部的支持，继续求学之路，最终成功获得中国高等学府的博士学位。

在中国的经历让我学会了如何克服困难，逐个实现我的目标。经过这些年的锤炼，我更加自信了，每周都参加系里组织的研讨会，在导师和系里老师、同学们的指导下，多次在中国和其他国家的期刊上发表学术论文。中国大学的教育质量可以媲美发达国家，在科研和出版领域都十分国际化。

下面，我想再说几件令我印象深刻的事。在这个美丽的国家，我会定期去不同的城市走走，既是旅游，又可学习。旅游期间，我对中国的农村、中国人的传统生活、中国戏曲有了了解，也看到了中国人对其悠久历史的保护、对传统价值观的恪守。这让我对大城市居民的看法又有了改变，像北京、上海这样的城市明显十分开放，与世界发达国家的首都并无二致。

有几次和中国人聊天时，我注意到他们对我的祖国阿尔及利亚非常了解。第一次是我还在北京大学时，我的一位老师让我清楚意识到中国与阿尔及利亚之间的友谊有多深。由于我是第一个来北大留学的阿尔及利亚学生，我觉得应该为自己的存在做点什么。正好校方要举办一次活动，组织一次农村之行，让大家了解中国人的家庭，同时参观中小学，以便大家了解中国的教育环境。旅行结束后，我们按要求写了中文的游后感，而我的文章则被评为最佳作品，于当年末发表在学校的最佳中文作品年刊里。

在北大学习期间，我加入了中非友谊非洲学生协会，并在同年参加了国际关系学院召开的多次会议，在李安山教授的指导下详细讨论了中国与阿尔及利亚的关系。

到中国的第一年，各种事情接连不断。我不幸生病，卧床一周多，校方给予了我帮助和支持，医院为我提供了最好的治疗，让我能够快速痊愈。

在北京语言大学学习期间，我利用寒假到中国南方城市游历。我乘坐高铁和火车南下，路过了一些较温暖的城市，如南京、上海、杭州、苏州、桂林和广州。一路上，我不忘与中国人交流，我至今仍然记得他们的善意。比如一次在火车上，一位六七十岁的老人询问我的国籍，当我告诉他我的祖国是阿尔及利亚后，他便向我讲述我们两国人民之间的关系有多么密切。他说，中国是阿尔及利亚民族解放运动最有力的支持者之一，1958年12月阿尔及利亚临时政府宣告成立后，中国是第一个承认它的非阿拉伯国家，并在1958—1962年向阿尔及利亚民族解放军提供武器和军事装备，更在其独立后坚决提供援助。当然，他也称赞了阿尔及利亚在中国恢复联合国合法席位时的作用。还有一个人问了我世界杯比赛中阿尔及利亚队打败德国队的情况。

2008年，中国四川省遭受特大地震，人员伤亡和物质损失惨重，我们听到消息后感到非常悲痛，想为灾区人民送去慰问。于是，我和我的朋友、造型艺术家、中央美院硕士哈米德·布萨勒杰一起，带上阿尔及利亚造型艺术家专门为灾区人民创作的油画前往四川。

通过画展，我们看到了地震中建筑物倒塌的景象，看到当地人民英勇救助伤员的场景。我们希望这种英雄精神能继续在当地人民之中发扬，促进社会团结，推动人道主义与慈善事业的发展，我们会竭尽所能支持他们。

在远离地震灾区的北京，春光明媚的日子里，我在公园遇到了一位老者。他步伐矫健，边走边仔细观察着周围的环境，我猜他是一名教师，便向他问好，他没注意我的外表，继续与我聊天，并未意识到我是个外国人。不过，很快他就发现不对劲——他注意到我有口音。他问我来自哪个国家，我说我来自阿尔及利亚。他笑了，对我说："我还清楚记得你们的总统胡阿里·布迈丁和他的英雄气概。"我说："那很好啊，那你知道我们现在的总统是谁吗？"他答："我不知道，你说说他的名字，或许我能记得。"我说："共和国总统是阿卜杜勒·阿齐兹·布特弗利卡。"他抬起头说："他是布迈丁时期的外交部长。"我说："是的，你怎么能记得？这两届总统的统治时期间隔了好多年呢。"他说："你一定要看看两国关系史,就能明白我说的话了。"最后告别的时候,他对我说,阿尔及利亚和中国一样是个大国。

最后,我要借此机会感谢阿尔及利亚民主人民共和国和中华人民共和国给我到中国学习的机会,我也呼吁所有到中国留学的学生来北大学习,在这里体验中国梦。

我现在是管理学的博士,已经从中国的大学毕业。我对自己的经历感到非常自豪,对中国一直保有积极美好的、独特的印象。无论将来是旅游、求学或是进修,我都会定期回中国访问,我的梦想在继续。

合作篇

> 汪 勇：阿星一号闪耀"一带一路"，中阿全面战略合作伙伴关系再添硕果
> 阿卜杜拉·丹努尼：阿中伙伴关系的典范
> 陈文健：阿国十二年
> 中国援阿医疗队：中国援阿尔及利亚医疗花絮
> 文学、戚国顺：中阿友谊万年长——记中国石化沙漠输水管道项目与当地人的感人事迹
> 卓 磊：阿尔及利亚，我的"金戈铁马入梦来"
> 刘元培：向中国敞开大门——访阿尔及利亚前高教科研部长阿布巴克尔·本布齐德

阿星一号闪耀"一带一路",
中阿全面战略合作伙伴关系再添硕果

汪 勇 (中国长城工业集团有限公司国际合作研究中心秘书长)

2017年12月11日,凌晨零点40分,中国西昌卫星发射中心。

"10、9、8、7、6、5、4、3、2、1,发射!"伴随着铿锵有力的指令,长征三号乙运载火箭腾空而起,在西北的天幕中划出一条闪耀的足迹,在30余名阿尔及利亚航天专家和技术人员的目送下,在通过电视直播观看阿星一号发射实况的阿尔及利亚人民的祝福下,载着中阿友谊的硕果——"阿尔及利亚通信卫星一号"(阿星一号)向着预定轨道前进,卫星发射取得圆满成功。

当天,中国国家主席习近平同阿尔及利亚总统布特弗利卡互致贺电,祝贺阿尔及利亚通信卫星一号在西昌发射成功。

习近平主席在贺电中指出,阿尔及利亚通信卫星一号项目是中阿全面战略伙伴关系的重要体现,将为推动阿尔及利亚经济发展、民生改善、社会进步发挥重要作用。2018年是中阿两国建交60周年,中方愿同阿方一道努力,加强各领域交流合作,推动中阿全面战略伙伴关系深入发展,更好造福两国和两国人民。

布特弗利卡总统在贺电中表示,阿尔及利亚通信卫星一号成功发射是阿中两国航天合作的重大成就,体现了双方深厚的传统友谊。阿方愿同中方共同推动各领域合作取得更多成果。

12月18日20时45分,经过五次变轨和三次定点捕获,阿星一号

2017年12月11日0时40分,中国在西昌卫星发射中心用长征三号乙运载火箭成功将阿尔及利亚一号通信卫星发射升空。(供图:中新社)

进入地球静止轨道,定点于西经24.8度,卫星控制权转移给阿星一号项目在阿尔及利亚建设的测控站。

合作的开端

中国航天对外提供商业发射服务始于1985年,主要是使用中国研制的长征系列运载火箭发射其他国家研制的商业卫星。随着通信卫星和遥感卫星技术的成熟,2000年初,中国开始向国际客户提供卫星在轨交付业务,一揽子地向客户提供卫星研制、运载火箭发射服务、卫星测

2013年12月16日,中国长城工业集团有限公司与阿尔及利亚航天局在阿尔及尔签署《阿星一号系统项目合同》。

控、卫星地面站建设、融资、保险、培训等业务,并获得了多个通信和遥感卫星合同,积累了在轨经验与美誉度。

2002年,阿尔及利亚航天局成立,中国航天盛情邀请阿方访华。2005年,阿尔及利亚航天局一行访问中国航天,受到了中方的热情接待。此后的几年中,双方保持着密切的交流与互访。2007年4月,阿尔及利亚航天局致函表示,希望与中方就阿尔及利亚通信卫星一号(阿星一号)等项目开展合作。

阿星一号对于阿尔及利亚的国计民生具有重要意义。阿尔及利亚国土分为地中海沿岸的滨海平原和丘陵、中部高原和南部撒哈拉沙漠三部分,其中沙漠占全国面积的五分之四以上,通信网络对经济和社会发展形成了制约。通过阿星项目建设的卫星地面应用系统,阿尔及利亚将构建与国际衔接的信息高速公路,为阿尔及利亚信息化发展奠定坚实基础;

有效利用阿星资源，可以促进阿尔及利亚经济落后地区的医疗、教育事业发展。可以说，阿星项目对带动、促进阿尔及利亚经济发展具有积极的作用，阿政府十分重视该项目。

2007年6月13日，中国国家航天局和阿尔及利亚航天局签署了《关于空间技术及应用的谅解备忘录》，正式开启了中阿航天合作的大门。

共商共建

互相尊重、共商共建的精神充分体现在了阿星一号研制的每一个细节。从最初项目评估开始，到卫星火箭的研制，再到最后的发射与在轨交付阶段，来自阿尔及利亚的项目管理人员和工程师们参与了每一个项目节点，中方工程师们认真听取阿方要求，努力实现双方的共同目标——为阿尔及利亚建造一颗服务阿尔及利亚人民的通信卫星。

阿尔及利亚航天局为了解决阿星一号的频率轨位问题，为阿星一号咨询项目进行了招标。中国卫通集团作为中国最大的卫星运营商，于2012年8月通过竞标获得了阿星一号项目咨询协议，为阿方提供通信卫星轨位与频率协调、用户需求评估、系统定义、卫星监造等支持工作。卫通集团经验丰富的专家们与阿方工程师一起，为客户严把质量关，获得了阿尔及利亚航天局的称赞。

2012年中至2013年底的一年半中，中方项目总承包单位中国航天科技集团所属的中国长城工业集团有限公司与阿尔及利亚航天局通过密集的会谈，确认了卫星技术方案、地面测控系统和地面应用系统的配置和选址，以及地面站建设工程方案。2013年12月16日，中国长城工业集团有限公司与阿尔及利亚航天局签署了《阿星一号系统项目合同》，这也是中国航天执行的第九颗国际通信卫星的在轨交付合同。

为友谊，铸长箭。长征三号乙运载火箭承担着将阿星一号送入空间

即将被吊装到火箭顶部的"阿星一号"

航天杯国际足球友谊赛阿尔及利亚代表队

的重要任务。长征三号乙运载火箭由中国航天科技集团公司所属中国运载火箭技术研究院研制,可将质量为5500千克的有效载荷送入标准地球同步转移轨道。阿星一号的飞行,是长征三号乙运载火箭的第42次发射,也是长征系列运载火箭第258次发射。

齐携手,探星空。阿星一号基于东方红四号卫星平台研制。东方红四号卫星平台由中国航天科技集团公司所属中国空间技术研究院研制,建造完成后的阿星一号发射质量为5225千克,服务寿命15年,共有33路转发器(19路Ku波段,12路Ka波段和2路C/L波段)。

建天眼,自测控。阿尔及利亚境内地面站具备自主测控阿星一号的能力。中方为阿方提供地面站设计和建设,阿尔及利亚的工程师们将在交付后的地面站内对阿星一号的测控和业务工作进行自主操控。

重人才，重友谊。314 名阿尔及利亚航天工程师在中国进行培训。他们有的在中国知名高校获得博士、硕士学位，有的由来自中国航天一线的专家们进行专业培训，有的通过联合研制，与中国工程师们一起参与卫星的设计和制造过程。中国航天工作者们与阿尔及利亚的工程师们一起工作、生活，也举办了多场多姿多彩的业余活动。他们在这里度过了三个开斋节和古尔邦节，收获了满满的友谊与回忆。

浩瀚星空

2014 年 6 月，习近平主席在中阿（拉伯）合作论坛北京部长级会议上提出，"中阿共建'一带一路'，构建以能源合作为主轴，以基础设施建设、贸易和投资便利化为两翼，以核能、航天卫星、新能源三大高新领域为突破口的'1 + 2 + 3'合作格局。"

航天技术合作是中阿两国政治互信的重要体现。阿星一号的成功是落实两国战略合作关系的重大成果，为中阿两国建交 60 周年献上一份厚礼，必将使中阿全面战略合作伙伴关系更为紧密。

阿中伙伴关系的典范

阿卜杜拉·丹努尼（阿尔及利亚丹努尼集团总经理）

丹努尼集团是阿尔及利亚最重要的企业之一，业务范围包括公共工程、自来水、采矿、建材设备供货等领域，八家实体子公司分布在全国各地，形成了有机网络。丹努尼集团在设计、施工、供应、运营方面拥有丰富的经验，可为国内外客户提供新型解决方案。

丹努尼集团是最早与中方建立合作伙伴关系的企业之一，1994年与中国伙伴成立合资企业"SINAL"（SIN表示中国，AL则代表阿尔及利亚），提供科学、教育与光学设备的供应和安装维护服务。

SINAL公司是阿中伙伴关系的成功典范。过去几年里，在高水平、多技能、多专业的工作团队的努力下，公司保持了高质量的服务水准（开发、跟进和售后服务流程），在最短期限内向客户提供服务。2008年，公司获得ISO 9001认证，这是对其成立以来所获成就的肯定。现在，SINAL正致力将所有经验服务于科研和高教领域。

丹努尼集团和中国伙伴的合作还在继续。1996年阿尔及利亚总统访华，集团负责人作为随行的经济代表团成员来到中国，寻求深化合作、建立与中方的新型伙伴关系。2001年，通过子公司SOCOPE工程机械销售公司（销售推土机、压路机、混凝土湿喷机等），集团与中国两家大型企业——生产并销售建筑、冶金设备的山推工程机械和生产建筑设备、工程设备的三一重工建立了公共工程设备领域的伙伴关系。这一伙

合作篇

2016 年 7 月 29 日，中国外交部长王毅在北京会见出席中非合作论坛约翰内斯堡峰会成果落实协调人会议的阿尔及利亚时任马格里布、非盟和阿盟事务部长梅萨赫勒。（供图：中新社）

伴关系意义重大，因为当时无论在非洲市场还是阿尔及利亚市场，这些设备都不常见。

　　SOCOPE 公司与山推工程机械、三一重工建立伙伴关系后，成为两家公司在阿尔及利亚的独家代理，面对激烈的市场竞争，成功将公共工程设备引入国内市场，并在过去几年里不断加强和深化这一伙伴关系。2017 年 1 月 28 日，SOCOPE 公司与山推工程机械合作建立了阿中合资的公共工程设备制造企业"SOC-SHA"。目前，公司正与三一重工合作筹建另一家合资企业，提供本地市场的安装与加工服务以及对外出口业务。

133

2016年7月28日至30日，为落实并跟进约翰内斯堡首脑峰会成果，中非合作论坛约翰内斯堡峰会成果落实协调人会议在中国北京举行，SOCOPE公司代表出席了此次论坛。

最后，我们可以说，丹努尼集团和中国伙伴之间的合作从未停止过发展的脚步，未来前途光明、前景广阔。特别是阿尔及利亚近来实行了新的经济模式，寻求资源多样化，以各类工业作为其经济基础。毫无疑问，中国的制造类企业依托其丰富的经验和奉献精神，将成为阿尔及利亚企业的最佳伙伴。借鉴中国的成功经验，阿尔及利亚企业将会致力于实现国家的经济复兴。

阿国十二年

陈文健（中建阿尔及利亚分公司原总经理）

2002年，公司派我赴阿尔及利亚工作，直到2014年调回北京。去时刚刚三十而立，归国已是四十有二，我的12年青春时光都在这个美丽而热情的北非国家度过。至今回国已三年多，但那片土地、那一个个建成的项目、一段段感人至深的故事，还有那些曾经共同面对的困难，不仅没有随时间的流逝而淡忘，还经常浮现在我眼前甚至出现在梦中。

去阿尔及利亚确属偶然。2002年，中建在阿尔及利亚的业务重新起步，发展较快，管理人员较为短缺。中建国际领导李健找我谈话，希望我去阿尔及利亚工作，任中建驻阿经理部副总经理（当时机构名称为中建驻阿尔及利亚经理部，后改名为中建阿尔及利亚公司，以下简称"阿公司"）。那时我对阿尔及利亚真的是没有概念，想想在书中、电视里经常看到的非洲的情形，我颇是迟疑了几天，但最终还是接受组织安排，奔赴阿尔及利亚。至今我还清楚地记得出发日期——2002年9月22日，农历的八月十六。与赶到北京的父母一起过完中秋节后，我就和其他几位同事一同踏上北非之旅。在这之前，我没有出过一次国。

阿尔及利亚是一个好地方，地中海气候，冬天不结冰，夏天基本也不用空调，人都很热情，见面都会说"你好"。但到阿不久，这片土地就给了我一个"下马威"。大概三个月后，我身上开始起水泡，从局部慢慢扩散到全身，奇痒无比。水泡破后就有像水一样的东西流出来，为此我多次到当地医院、中国医疗队和国内医院就诊，做了多种检查，有说荨麻疹的，有说是过敏的……总之，众说纷纭，我也尝试吃了很多药，但一直未确诊也未见好。谁知，几个月后，水泡竟慢慢消失了，后来我才知道，其实当时就是水土不服。通过这件事，我对"一方水土养一方人"有了切身体会。之后，我再也没有出现过类似症状，应该是身体上"潜移默化"已成"老阿"。

2003年5月21日，阿尔及尔发生了6.2级大地震。当时，中建在巴布佐瓦租赁的宿舍倒塌，八局刘树礼老局长和其他八名员工被压在废墟里。我们连夜组织救援，终于在第二天中午把刘局长救了出来。刘局长在担架上还微笑着跟大家挥手致意，但遗憾的是，由于在废墟中受到长时间压迫，他身上多处形成血栓，虽然当地医生竭力抢救，他还是在当天晚上去世了。从救援成功到救治失败，从兴奋到悲痛，一切变化都太快，让人唏嘘。地震后还有一个插曲：由于通信网络损坏，大家都无法及时跟家人联系，直到几天后，通信才恢复。而我震后即赴外地出差，同事刘青就帮我给家里打了电话（当时没有手机，出差时无法与国内联系），原本是想报平安，结果这个电话反而让家里"炸了锅"。我爸妈马上问为何我不能亲自打电话、人在哪里，以致好几天都没有睡好觉。直到我出差回来给家里打过电话后，他们才放心下来。

虽然到阿头两年遭遇了水土不服、大地震等多次"打击"，但我并未就此退缩，反而坚定了要努力打拼，为公司闯出一片天地的决心。那时，阿尔及利亚正大力实施经济复苏计划，亟须建设大量工程项目。中建相继在住房、酒店、办公楼、机场等多个领域承接项目，我本人也有幸直接参与和见证了其中多个项目的实施。

住房和酒店是中建在阿尔及利亚承接项目较多的两个领域。阿尔及利亚住房资源短缺，政府把建设保障房作为重要民生工程。中建在阿累计建造了10余万套住房，遍布阿国17省，是承接阿国住房项目最多的建筑公司。项目地点都较为偏僻，个别还位于山上，项目周边10公里没路、没水、没电，条件艰苦，但中建都能负责任、高质量地完成。

2011年,中建阿尔及利亚公司与阿职业教育培训部签订培训合作协议(左2为时任中国驻阿大使刘玉和)。

2003年大地震时,无论是中建于1982年承建的鲁伊巴200套住房项目还是大批在建项目,均无结构性损坏,得到了"震不垮的丰碑"的美誉。中建与阿尔及利亚酒店投资公司(SIH)成功合作了多个五星级酒店项目。业主麦泽先生对工作要求苛刻,但解决问题效率很高。他的项目技术标准高、实施难度大,其中多个项目是为重要国际性会议所准备,工期特别紧张,每个项目干下来都像打一场战役。其中2011年完工的特莱姆森万豪酒店,是为当年举办"特莱姆森——2011世界伊斯兰文化年"活动而建造,工期只有16个月。阿尔及利亚总统布特弗利卡盛赞该酒店为"镶嵌在特莱姆森皇冠上的一颗璀璨珍珠"。

目前,由中建承建的阿尔及尔新机场候机楼项目正在如火如荼的建设中,预计2018年内,一个全新的现代化机场即可建成运营。但让我本人印象更深刻,甚至终生难忘的,却是十几年前参与建设的布迈丁国

中建阿尔及利亚公司雇用的5000多名当地工人,已成为公司发展的重要力量。

际机场项目。该项目于上世纪80年代开始修建,但结构没有完成就停工了。2003年,阿尔及利亚政府重启该项目,中建受邀负责机场结构修复与整体重建,工程总承包交钥匙。由于该项目是烂尾20多年的半拉子工程,现场很多问题已经很难简单按标准程序解决。在前期的结构修复过程中,阿国业主、法国监理和中方承包商之间产生了较多分歧,进度不尽如人意。时间过半,阿方认为中建表现不够积极,要求中建全力完成机场项目,项目完工之前不允许中建承接新项目。我们得到这一消息时,除了震惊和紧张外,就是感觉极度委屈。其实,当时中建内部已经投入了大量资源,但设计不到位、材料审批不到位……这些仅靠中建是不能解决的。但我们没有过多解释,而是责无旁贷地承担起责任,再加大投入,加大协调力度。时任阿公司总经理郑学选更是以身作则,亲自担任项目"总指挥",使机场最终顺利竣工。通过这个项目,中建向阿方证明自己不仅是一家实力强的国际化企业,也是一家可以信任的负责任、重情义的公司。机场项目让阿国政府对中建更加信任,可谓"塞翁失马,焉知非福"。

外交部大楼项目是我在阿尔及利亚真正做过项目经理的项目。2005年,中建承接外交部新办公大楼项目,阿国政府以议标方式将设计和施工任务都交给了中建,这是难得的信任。但项目启动不久,内部和外部都出现许多矛盾,进展缓慢。总部安排我去做项目经理,推动项目实施。与此同时,业主也更换了项目经理,改派原驻外大使布如理先生担任。我记得当时还有媒体质疑:一个"门外汉"的大使先生能否领导这样一个大型项目?但实践证明,大使项目经理有智慧、有能力,解决了很多矛盾和问题,把握住了项目前进的大方向。总监贾瓦德先生也为这个项目受了不少委屈,但还是很好地履行了职责。中国前国务委员戴秉国曾参观建成后的阿外交部大楼,称赞其为世界上最好的外交部大楼之一。

2007年初,郑学选总经理调任回国,我接任阿公司总经理。我开始从更广的层面去思考和推动中建在阿尔及利亚的发展。此后,我们相继承接了阿尔及尔15000套社会住房、13省监狱、阿尔及尔国际会议中心、南北高速公路、嘉玛大清真寺、首都机场新航站楼等多个重点项目。这些项目,每一个都是"有分量"的国家级项目:蒂巴扎48公里快速路是我们在阿国承接的第一个公路项目,完美履约后又承接南北高速公路项目,使中建成为阿国基础设施行业的重要参与者;国际会议中心项目建成后拥有世界上不多的能承载6000人的会议厅,被称为阿尔及利亚的"人民大会堂";嘉玛大清真寺项目建成后将成为世界第三大清真寺,是一座拥有世界最高宣礼塔、可同时容纳36000名穆斯林的千年宗教圣地。这些承载着阿尔及利亚走向复兴发展的地标性建筑项目的成功实施,是中建在阿尔及利亚发展壮大的重要见证,也是中建集团综合实力的重要彰显。更让人欣慰的是，在这些大项目的履约中，培养和成长起来一批有担当、有闯劲的年轻领导干部，如奥兰喜来登酒店和13省监狱项目的周圣、吴文胜，15000套住宅项目的罗建鹏，国际会议中心项目的曾强等。他们在这些项目中得到历练，在历练中得到成长，目前均在阿尔及利亚公司或其他中建系统单位承担重要工作。

以上这些重点项目的获得和成功实施固然有中建在阿尔及利亚近30年，尤其本世纪以来十多年的坚守与积累的厚积薄发的因素，但更能凸显的却是中阿两国之间的深厚友谊以及阿国政府、人民对中建的信任之情。"投之以桃，报之以李"，中建对阿国政府和业主同样充满信任，始终将项目履约放在第一位，遇到困难也不轻言退缩，有时在没有得到明确保障的情况下也敢于投入资源，因此进一步赢得了阿国政府和业主的信任，他们往往将最重要、最困难的项目优先交予中建。

提到中阿两国之间的友谊和信任，我还想起一件小事：有一次，我和一位同事去阿尔及尔小渔港吃饭，吃完后才发现竟然都没有带钱。饭店老板也没有为难我们，仅收下我们的名片后就让我们走了。在阿尔及利亚期间，类似的有关中阿友谊和信任的故事还有很多。每年的开斋节，阿国朋友都会邀请我们去家里吃饭，把中国人当成兄弟姐妹。中建也一直积极融入阿尔及利亚社会，主动承担和履行社会责任，致力于成为一家受阿尔及利亚政府、社会、民众尊敬和认可的"阿尔及利亚的中建公司"。每逢阿国的重要节日，为周边的居民送去节日慰问和生活用品，也已经成为中建每年必做的传统活动。目前，中建在阿尔及利亚有5000余名当地员工、近400家当地合作伙伴，没有他们的支持和帮助，中建不可能发展到现在的规模。

回顾中建在阿尔及利亚的发展历程，同样离不开的是大批从中国派出的员工的辛勤和付出。2001年以来，中建总部累计派出技术和管理人员数千名，他们远离家乡，夜以继日奋战在阿国项目上，很多时候即

合作篇

自 2007 年开始,由中建主办、中国驻阿大使证婚的阿国中资企业"地中海之恋"集体婚礼已连续举办六届(两年一届)。

使节假日也不能与家人团聚。也有一些同事像刘树礼局长一样,永远长眠在了阿尔及尔阿利亚公墓。当然,更多的中建人在阿国经受历练,不断成长,其中不少年轻人还收获了爱情。我们每两年都会举行一次"地中海之恋"集体婚礼,由中国驻阿大使证婚,每次都至少有十几对新人参加,有些还是中阿跨国恋情。这一代代中建人的前赴后继和努力拼搏,是中建能够在阿尔及利亚长期发展的基石。

2014年10月14日,我卸任阿公司总经理,回国工作。也就在这一天,阿尔及利亚政府正式批复了中建投资建设阿尔及利亚总部大楼的用地申请,中建在阿发展翻开了新的一页,圆了中建人多年的梦想。当从部长先生手中接过批文的时候,我不禁感慨万千:经过几代中建人的努力与拼搏,中建已经逐渐融入阿尔及利亚,无论未来如何变化,中建都会在这里继续发展下去。而在阿国生活多年之后,这里已是我们这些中建"老阿"的第二故乡,即使离开了这片土地,也会一直怀念这里。

中国援阿尔及利亚医疗花絮

中国援阿医疗队

1962年,阿尔及利亚人民经过长期的反法斗争赢得独立,随即面临法籍医生被撤走、国民缺医少药的困难境地。阿尔及利亚不得不向国际社会寻求援助。1963年元旦,中国率先向世界宣布,将派医疗队支援阿尔及利亚,开创了我国援外医疗队的历史。

50多年来,中国坚持不懈地向需要援助的国家派出医疗队,为当地人民无偿提供医疗服务,这一义举在当代国际关系史中绝无二例。中国医生从事的是国际主义事业,传播的是人道主义精神。他们为增进中阿、中非友谊作出了卓越贡献,也为世界和平和人类福祉作出了杰出贡献。

作为我国首支援外医疗队,50多年来,共有3000多名援阿医疗队员不辱使命、克服重重困难,用真挚的情谊和高超的医术拯救了数以万计的百姓,在阿尔及利亚创下了许多医学奇迹,也与当地人民结下了深厚的情谊。本文摘编了几篇援阿医疗队员的"医疗日志",他们用朴素的文字为我们再现了一幅幅生动的画面,不仅让我们领略了"白衣天使"们真挚的人间大爱,也让我们深切感受到援外医疗队员们对祖国的深深热爱。

"龙凤"四胞胎的降临

2015年6月5日,阿尔及利亚蒂亚雷妇产医院来了一位26岁的临产妇。初步检查后,我不禁为这位孕妇捏了一把汗:虽然已经临产,但

当地报纸关于四胞胎降生的报道

孕期只有31周,且身患高血压、疤痕子宫、胎膜早破,这任意一条都是高危因素,稍不注意足以造成严重后果。更为麻烦的是,不大的肚子里竟然怀着两男两女四个孩子!瞧这人均居住面积!

作为当晚的夜班医生,我立即将这位四胞胎孕妇收住入院,并与医疗分队队长梅进华医生一起为孕妇作了仔细检查。情况较为复杂,留给我们的选择和时间都不多了。大人的安全、孩子的安全无一不牵动着我们的心绪。不管怎么办都必须立即办,但是到底怎么办呢?经过不间断的详细临床观察,我和队友们认真讨论,做好各种手术预案,最后决定尽可能避开胎儿和有疤痕的子宫,在宫口三厘米处实施剖腹产。手术过程异常艰难,差之毫厘便谬以千里,更何况五条人命啊!为确保安全,我们请来了该院全科医生、新生儿医生、产房手术室助产护士协助,甚至医院总值班领导都到现场观看。打开腹腔,只见四个孩子三个横位、一个头位,我们不得不小心再小心。好在如有神助,我们终于成功取出两男两女四个新生儿，且个个健康。产妇出血量也很少，术后很快得以恢复。

这一"龙凤"四胞胎的降临是蒂亚雷省的首例，刷新了该省的医疗纪录，受到了产妇家属和当地医院的高度赞扬。当地媒体掀起了一股"中国热"，不断采访我们中国医疗队，采访蒂亚雷妇产医院。我们也为自己点赞，为中阿友谊和合作点赞。

（执笔：汤冰蓉，中国援阿医疗队蒂亚雷分队）

阅兵式的日子对我们的检阅

2015年9月3日，是中国人民抗日战争暨世界反法西斯战争胜利70周年的纪念日。我们伟大的祖国举行了阅兵式。

这天，我正在阿尔及利亚赛依达妇产医院上夜班。祖国上午的10点，阅兵式开始时，正是阿尔及利亚时间凌晨3点，此时的我也像阅兵式上的坦克，不停地奔波在产房、门诊、高危病房及手术室之间，不经意之间已做完了五台剖宫产，这可是一整天的工作量啊！尽管如此，下了手术台，我依然惦记着阅兵式。当我拖着疲惫的身子进入值班室时，电视屏幕上国旗护卫队在声声礼炮中迈着整齐、刚劲有力的步伐，护卫着国旗走向天安门广场……我看见了我朝思暮想的祖国，看见了北京，看见了天安门，看见了鲜红的五星红旗，正伴着嘹亮的国歌，随风冉冉升起……

"叮铃铃……"值班室的急诊电话像检阅的号令一样召唤着：产房又有急诊！我贪婪而又依依不舍地看了看我心中最美的五星红旗，坚定地投入到我的没有硝烟的"战场"。来到产房，忙忙碌碌紧急处理完急诊，我用不太熟练的法语骄傲地对助产士说："今天是我们抗日战争胜利 70 周年的纪念日，我的祖国正在举行阅兵式，我们每个人都在看现场直播。"助产士连忙抱歉地对我说："对不起，肖医生，这里太多工作让你不能看直播了。"我说："没关系，这就是对我们的检阅！更何况，你们国家的总统代表、民族院议长本·萨拉赫，也正参加我们的阅兵式呢！阿尔及利亚和中国永远是好朋友！"助产士激动地拥抱我，连声说："是的是的，永远是好朋友！"这个拥抱，不仅是对我工作的肯定，也是对我们两国友谊的肯定。

忙完产房，我还是恋恋不舍地快步跑到值班室继续看阅兵式直播。这时，伴着激昂的检阅进行曲，滚滚而来的有坦克方队、空降兵战车方队、反坦克导弹方队、地空导弹方队、反舰导弹方队……看看这一往无前的磅礴气势，我太自豪了！

电话！又一个急诊电话打来，又一个急诊手术！我义无反顾地再次投入手术室的无影灯下，这一夜，我感觉无影灯是那么的美，那么的亮！做完手术，我走出手术室，天已经亮了。又是一个不眠夜！但是，今天这个不眠夜意义非凡：我用自己的实际行动接受了祖国的检阅！

（执笔：肖发菊，中国援阿医疗队赛依达分队）

我们斩获阿尔及利亚"五一劳动奖章"

2016 年 5 月 1 日国际劳动节，对于中国援阿医疗队赛依达分队全体队员来说是个毕生难忘的日子，也是值得大家自豪的日子。这一天，是赛依达省卫生厅和省工会向正在执行任务的第 24 批中国医疗队颁发团体奖——"五一劳动奖章"的日子。颁奖词的大意如下："值此五一国际劳动节之际，为了再次感谢中国医疗队驻赛依达分队的全体队员全心全意为赛依达省妇女儿童医疗保健事业作出的巨大贡献，特发此证。

合作篇

赛依达省卫生厅和省工会向第 24 批中国医疗队颁发"五一劳动奖章"。

祝愿全体队员身体健康、家庭幸福、事业成功!"该省卫生厅长热情洋溢地用法文宣读,再由省工会主席将奖章授予医疗队李小英队长,全场顿时响起热烈的掌声。

2015 年 2 月 12 日,春节前夕,六名队员告别家人,到达赛依达,与五名留守的老队员组成了第 24 批赛依达分队。赛依达是中国向阿尔及利亚派遣的第一支医疗队所在地,也是中国援非的第一个医疗点。在过去长达半个多世纪的援非医疗路上,我们薪火相传,用自己辛勤的劳

147

动和汗水甚至生命，换取了非洲人民的信任和高度赞扬。

这就该是一个获奖团队！队长身先士卒甘为人梯，里里外外一把好手；翻译年轻活泼，端庄大方，办事稳妥；老队员个个身怀绝技，不吝赐教；新队员谦虚好学，敢于吃苦，勇于开拓；厨师肖汉生是全国劳模，工作一丝不苟。大家边工作边学习，回到驻地还带着问题跟翻译学习法语，很快克服了语言障碍。大家对工作兢兢业业，对病人无微不至，任劳任怨，为着受援国妇女儿童的健康和民族事业的发展努力工作。为了抢救母儿的生命，大家常常顾不上吃饭，顾不上休息。无论白天还是黑夜，无论上班还是下班，无论节假日，只要病人需要，队员们就随叫随到。大家经常加班加点，通宵达旦，却从无怨言。

数字是枯燥的，也是沉甸甸的。中国医生承担着每月10000余人次门诊、10000余人次住院治疗、1000余人次分娩、近400台次手术的工作量。超强度、超体力的工作，使得几乎每月都有医生发生手腕、肩部、腰部损伤，因长期日夜轮流倒班而失眠的医生也是大有人在，但队员们仍能相互鼓励，以苦为乐，轻伤不下火线，用坚强的毅力、良好的状态、精湛的医术服务于阿国人民。在药品、手术器械残缺不齐的情况下，队员们不畏艰苦，凭着丰富的临床经验，创造条件并运用一些新的技术，保住了许多病人的子宫，挽救了部分病人的生命，还成功完成了一例腹部恶性肿瘤合并妊娠的腹膜外剖宫产术。除一例急性羊水栓塞的病人外，一年半过去了，中国医疗队创下了赛依达省妇儿保健院产妇死亡率为零的纪录，新生儿的死亡率也较往年大大下降。中国医生精湛的医术、热情的服务，得到了阿方的充分肯定和高度赞赏。赛依达省卫生厅厅长穆斯达法曾在全省医疗卫生工作会议上称赞中国医疗队是一支优秀的有能力的团队，是中阿和平的使者，是上帝派来的天使，是阿国医务人员的楷模；感谢中国医生为赛依达妇女儿童健康作出的重大贡献，要求第24批医疗队员集体连任。他的讲话在赛依达省广播电视台上分别用法语和阿语进行了两次转播。

　　离赛依达省城8公里的某地级市有一个规模较大的私立妇产医院，因收费高，一般的平民只能望而却步，很多当地产妇产程发动后来不及去省城的公立医院而将孩子生在家中或转运途中，造成产妇和新生儿死亡。为了缓解赛依达省妇儿保健院的压力，方便当地民众就医，省卫生厅决定在那里再新建一家产科医院。但医院只有两个全科医生，其中一位医生还是在这家医院做兼职的医师进修学院教师。由于缺少妇产科医生，这家医院实际上只能起到一个接生站的作用。2017年4月，省卫生厅厅长穆斯达法恳求援阿医疗队派中国医生负责新产科医院门诊的值班工作。接到任务后，分队长第一时间电话请示援阿医疗队成总队长，接着紧急召开妇产科医生会议，给医生们介绍了新产科医院的情况和总队长对大家的要求。队员们表示："哪里有病人的需要，哪里就是我们的战场，不负重托，坚决完成任务。"大家不仅没有一个退缩的，还自觉加强法语学习，强化B超操作训练，编写整理妇产科门诊常用药物目录（赛依达药房有的）。为了尽快开展工作，很多医生放弃了下夜班及休息时间，到新产科医院做一些力所能及的工作。从诊断室必要的设备、急救药品、门诊急诊手术器械，到病人的登记造册、门诊病历书写、复诊卡准备；从病人病史问诊、专科检查、B超操作、诊断、每一张处方的开出、治疗方法，到清宫、清创缝合等，她们都亲力亲为，一丝不苟。中国医生娴熟的技术、热情的服务、认真的工作作风很快得到了当地病人和院领导的认可，医院有中国妇产科医生的消息很快在当地传开了。找中国医生看病、咨询、预约手术的病人逐日增多。

　　赛伊达省地处沙漠边缘，常年沙尘暴不断，生活物资匮乏，水质差。来这里不到两年，就有两名队员患了结石，但医疗队员们并没有因此而退缩。业余的时间大家种种菜，把家乡带来的种子撒在亲手开垦的贫瘠荒坡上，寄托着对家乡和亲人的思念，收获着耕耘的喜悦，同时也改善了生活。赛依达是援阿最早的一个医疗点，能来这里工作是每一个援外队员的荣幸。今天，我们可以骄傲地说：祖国母亲，我们是好样的！我们用我们的血泪汗水在完成历史赋予的使命，路漫漫其修远兮，吾将上下而求索。生活继续，援阿继续，脚步从不曾停止。我们将严格遵循"不畏艰苦、甘于奉献、救死扶伤、大爱无疆"的16字方针，为中阿友谊尽绵薄之力！

（执笔：晏金荣，中国援阿医疗队赛依达分队）

中阿医生联手抢救病人

2016年6月28日下午，我所在的汉什莱妇产医院门诊来了一位急诊病人，情况十分紧急。患者40岁，孕四月余，右下腹部疼痛剧烈，有恶心呕吐，曾做过三次剖官产，其中有两次出现子宫破裂，好在三个孩子均存活。此次怀孕早期没有作过检查，28日上午突发腹痛，在外院做B超，诊断有胎儿畸形、卵巢囊肿，才急忙来到中国医疗队所在的医院。门诊医生将患者收治住院后，我第一眼见到的便是患者极度痛苦的表情，B超发现：患者双侧卵巢囊肿，均为约10×9厘米大小，其中一侧囊肿可能已经扭转，且其妊娠为部分性葡萄胎，胎儿为无脑畸形。患者亟待手术治疗！

阿方医生本齐达内（Benzidane）是一位年轻的妇产科男医生，平时做手术经验不多，大多数时间只是看门诊病人，却对这一罕见病例甚感兴趣，积极要求上手术台当助手，我欣然答应。手术团队以最快速度完善了患者辅助检查和术前准备工作，并作了尽可能周全的准备。因患者做过多次剖官产，且有过两次子宫破裂的病史，眼下又是其第四次下腹部手术，难度可见一斑！麻醉成功后，我们剖腹探查，小心分开一

合作篇

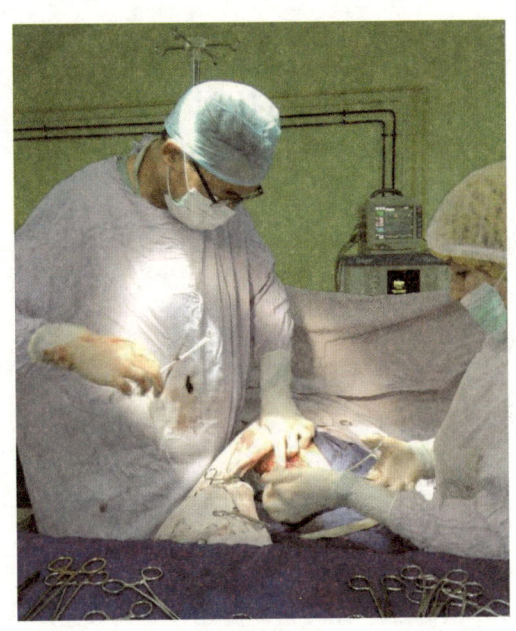

中国医疗队医生正在为病人做手术。

层层的粘连,发现扭转数圈的右侧卵巢已坏死,呈紫黑色。我将其右侧卵巢搬出腹腔外,本齐达内医生急于去还原扭转的卵巢蒂部。我及时制止并跟他解释,说那样会出现脱落的血栓通过血液循环导致重要器官栓塞,小伙子听后带着一丝歉意,表示明白了。我小心翼翼地切除病侧卵巢,然后选择子宫体部小的纵切口顺利取出了无脑合并有脊柱裂畸形的胎儿,手术获得成功!

术后第二天,患者恢复很好,对手术团队感激不尽。她躺在病床上拉着我,给了两遍大大的贴面礼。援阿的劳累、辛苦、孤独、寂寞,也在这种患者的感激及手术成功带来的成就感中化解。正是阿国普通百姓和医生对于中国援阿医生的尊重与信任,支撑着我们去坚定地完成国家交给的任务!

(执笔:邹洁宁,中国援阿医疗队汉什莱分队)

中阿友谊万年长
——记中国石化沙漠输水管道项目与当地人的感人事迹

文　学（中石化石油工程建设公司江苏油建公司书记）
戚国顺（中石化石油工程建设公司加纳分公司总经理）

　　长期以来，阿尔及利亚南部省会城市塔曼拉塞特5万居民的生活和饮用水问题，始终是令阿国政府头疼的事情。为从根本上解决这一问题，阿国政府投入巨资，计划建设一条从地下水资源丰富的因萨拉至塔曼拉塞特的沙漠供水管道。沙漠供水管道建设项目全长1250公里，主体工程分为三个标段，管道建成后，每天可为塔曼拉塞特输送10万立方米的水量。因该工程意义重大，阿国政府将之称为"民心工程"和"世纪工程"。

　　中国石化承揽了沙漠输水管道项目一标段和三标段两个建设项目，主要工作量为：一标段800—1400毫米管道340公里，普通地段管沟开挖工作量910万立方米，岩石地段石方125万立方米；三标段700—900毫米管道462公里，普通地段管沟开挖工作量304万立方米，岩石地段石方114万立方米。这些石土方，如果垒成高度和宽度均为1米的土墙，其长度将超过1万公里。

　　面对如此浩大的工程，中国石化员工们克服沙漠恶劣的自然环境、高温沙尘暴等诸多困难，昼夜施工，工程进度高效快速。值得一提的是，项目部建立了阿工技术培训学校，为当地雇员培训操作技能，赢得了社

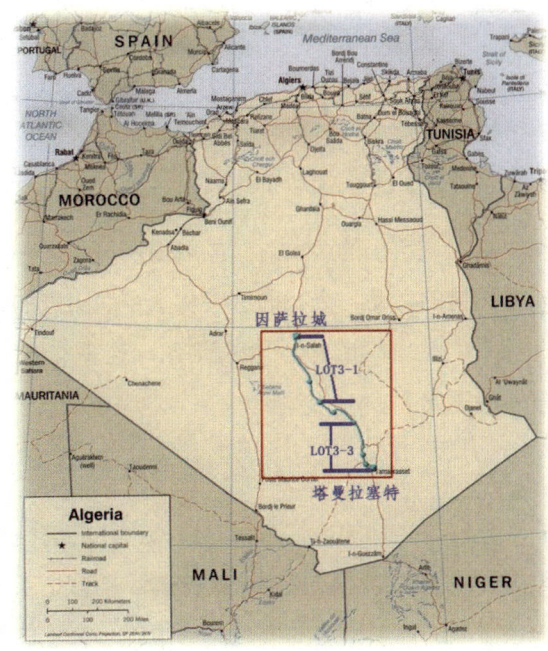

因萨拉—塔曼拉塞特沙漠输水管道建设项目示意图

会各界一致赞誉，树立了中国石化良好的国际品牌形象。阿国总统、水资源部长等政府官员先后到施工现场视察，对项目整体运行状况表示满意。阿尔及利亚的多家新闻媒体都及时进行了报道，扩大了中国石化在国内外的知名度。2011年3月21日，沙漠水管道项目全线通水。当天，布特弗利卡总统专程来到现场，品尝第一杯水的同时，对我们竖起了大拇指。他说：这是生命之水，这是友谊之水！感谢中国公司为阿尔及利亚的撒哈拉沙漠居民作出的贡献。

阿尔及利亚沙漠输水管道项目是中国石化近年较大的海外EPC工程项目，300名外派中方员工和上千名本地雇员齐心协力，共同为这一伟大目标的实现贡献着自己的力量，在辛苦劳动的背后，也留下了很多广为流传的佳话。

先说说这里的风土人情。

塔曼拉塞特的地形，属于沙漠戈壁，风化的岩石地段较多，千姿百态的山峦层层叠叠，风景如同一幅水墨画，吸引着越来越多的人前来感受大漠风情，甚至定居于此。

这座城市里的居民对我们都很友好，那种一见面便像连珠炮般的问候和热情的举动，令我们这些从水乡油田来的中国人从不习惯到学着彼此挥手、举大拇指，彼此相互道出一连串儿的"萨拉玛哩哄"（阿语"你好"的意思）。

我们从中体会到了在异国他乡朋友相见时的快乐。

也许与当地的风俗习惯有关，这儿的居民生活悠闲，时间观念不是很强。我们经常可以见到这样一幕：不管是否在周末，烈日下，在城外一条干涸的河道两边的低矮树丛中，一家几口或三五好友相约，坐着、躺着，快乐地交谈着。其实，他们身边并没有什么美食，就是一个茶炉和几块面包。

这情景，看得我们大眼瞪小眼，谁也不知道他们在旷野里获得了何种快乐，说实话，心里还有种说不出来的羡慕。

公正地说，上苍很眷顾这里，矿产资源丰富，地广人稀，虽不发达，但人们的幸福指数很高，小孩上学和医疗都能得到保障。

人与动物和谐相处是这里的又一大特色。在省城塔曼拉塞特的大街上，随处可见羊儿自在地行走在街道上；偶尔也会看到一位身穿白袍、骑着骆驼的阿拉伯男人悠闲地在城市里漫步。

所谓"患难见真情"，两国人民情同一家，在危急关头，总能互相伸出援助之手。

故事之一

2008年8月16日早晨7时许，阿尔及利亚国家一号公路上发生了一起严重的交通事故。

一辆装有30多吨椰枣的大型载重平板货车，由于开车的阿国司机昼夜行车疲劳驾驶，导致发生交通事故。事故现场，载重车翻了个底朝天，两个大油箱破裂，数百公升油料外泄；车头严重变形，困在驾驶室里的司机一条大腿被挤断，生命垂危。

事故发生的地段，尽管是阿尔及利亚国家一号公路，但由于道路交通条件有限，路面狭窄，仅为双向两条车道，道路随沙漠地势起伏较大，弯道非常多，沿途经常有车辆抛锚。加之路上跑的绝大部分是重型运输车辆，对道路的损害较为严重，因此很多路段一直是在修修补补，路况相当不好。

事故发生时，正值早晨往来车辆较多的时候，有几十辆当地的大小车辆都被堵在了公路上，现场围了200多名阿国当地百姓和军警人员，他们在设法抢救驾驶室里的司机。但由于驾驶室变形严重，又没有起重设备，施救没有成效。附近阿国军营的救护车赶来后，也只能是眼睁睁地看着司机憋在驾驶室里，无计可施。

上午8时许，项目一标段经理戚国顺去往二号营地的工地检查施工情况，途经事故现场时看到了这一幕。

情况紧急。戚国顺经理立刻驱车直达施工现场，来到钢管吊卸作业地点，通知中方人员停止施工，把正在现场吊卸管运车的25吨吊车和部分工人派到交通事故现场。

安排好这一切之后，戚国顺经理考虑到出事故的车辆吨位较大，又是横在公路上，一台吊车恐难解决问题。于是，他又赶回一号营地，增派施工部总监王保强、起重工张保元和一辆40吨的吊车立即前往救援。

接到命令后,王保强立即驱车赶到事故现场。他发现,事故车的司机已经处于昏迷状态。细心的他走近驾驶室,发现司机只有一只手仍在无力地抖动。凭着多年开车的经验,他立即作出判断:当务之急,是要抢救司机的生命。

于是,他立刻疏散开围观的人群和车辆,为车辆起吊作业腾出场地。接着,他根据这台事故车车头变形情况和车体位置,安排吊车进入合适的工作场地。一切就绪之后,他便指挥中方的吊车司机、起重工等人进行程序操作。

与此同时,在当地军警的配合下,在最短时间内疏导和制止了抽烟的人们,以防止引燃外泄油料,引发火灾。

驾驶室内,事故司机受伤的大腿长时间受到挤压,失血较多,整个下肢苍白、肿胀,人也陷入了昏迷的状态。

时间就是生命。在王保强的精心指挥下,吊车司机慢慢地将挤压司机的车体部分轻轻拉开,军警救护人员赶紧将人抬出,送往80多公里外的因萨拉市医院进行抢救。这一系列熟练的操作,引得当地百姓一片欢呼。

在征得当地军警同意后,王保强继续指挥吊车司机,将事故车辆调吊到一号公路之外,并协助军警疏导交通。不到半个小时,两侧的受阻车辆都驶向了远方。阿尔及利亚国家一号公路重新恢复了畅通。

故事之二

2009年4月21日中午,项目部一辆沿线巡检的车子陷入了厚厚的黄沙里。大家下车试图将车子推出来,司机猛踩油门,车辆前窜后倒,结果，不但没有走出来，反倒使车底盘都被沙子抱住了。

彻底没了希望，我们只好拦截过往车辆求救。这条路虽是国家一号公路，但是因为横亘沙漠腹地，少有人烟，道路又窄，所以除了偶尔经过的重型长途运输车辆，能帮忙拖车的小型车辆几乎没有。

阿尔及利亚人非常友好，见到我们招手，先后有两辆相对方向开来的重载油罐车和水车停了下来。司机一看就明白了怎么回事，找出钢丝绳，准备帮我们把车子拉出去。没有铁锹，大家就一起用手抓沙，希望能找到牵引钩子，可惜忙活半天，我们的车子却没有可以挂钢丝绳的地方。

不知不觉中，路边已停下了八九辆车，司机们都陆续跑来帮忙。其中有经验丰富的，带领我们十几个人抬高车子用力地左右摇晃。在车子抬高和晃动过程中，沙子顺着轮胎流下去，车胎一点点地抬高了。然后又倒车，再加上我们一起用力推，很快就把车子弄了出来。

然后，司机们纷纷友善地跟我们打个招呼，继续他们的旅程。

在这个陌生的国度里，语言不通，风俗习惯不了解，遇到这种事情，我们的阿国朋友不用一句解释，不需一分酬劳，全力帮助我们，让我们在异国他乡感受到了这个国家人民的热情友善、勤劳质朴。

沙漠输水管道项目沿途有近十个大大小小的村镇，据统计，目前人口已达到了13万之多。自从开始实施该项目，中国石化不仅给他们引来了生命之水，还为当地百姓带来了福祉。

项目三标段的五号营地附近，有个环绕着沙漠季节河而发展起来的绿洲——艾因镇。

艾因镇的镇长名叫穆罕默德·德黑凯勒。他身材矮胖，小眼睛，四方脸，喜欢穿白袍缠头巾，与人谈话面带微笑，初看很憨厚，其实很精明。

有一次，我们因施工需要在艾因镇所辖地区的一条干河床上取沙。动工的第一天，就被德黑凯勒先生要求停工，经现场负责人与其接触，才了解到镇长命令挖掘机停工的原因。原来，当地的孩子们经常在这条干河床上踢足球玩耍，他担心如果我们挖沙形成大坑，会在雨季积水，从而威胁到孩子们的安全。

我们提出，等结束后，会派出挖机和装载机把取沙坑回填平整，这样就可以保障孩子们的安全了。

不料，德黑凯勒镇长仍然不同意。他带着我们先后在河床的上游、下游等地寻找了几个取沙点，但均因拉运距离偏远及进出道路沙陷较多，不适合施工车辆进出。

看到我们着急的样子，德黑凯勒镇长借机提出，能否帮他在镇子路边的山坡上平整出一块场地，这样一来就可以安排孩子们到这块平地上玩耍，而不再需要去河床踢足球，这样他就可以同意我们在原地点取沙了。

对于我们而言，如更换取沙点，不但拉运距离加长，山区崎岖的道路对拉运车辆不利，更会制约工程顺利开展，从而影响工区拉沙、铺沙、管线下沟等各道工序的施工进展。

于是，我们一口答应了镇长的要求，当天就安排破碎锤、挖机在其指定地点进行场地平整。用了一天时间把石方场地平整完毕后，考虑到孩子们要在场地上踢足球，我们又特意安排自卸卡车拉运了近 30 车细沙铺到场地上，完成了给镇长的承诺。德黑凯勒镇长也爽快地同意我们在原地取沙了。

没过多久，艾因镇组织了施工队伍开进那块场地，拉起了铁丝网、围墙，铺上混凝土场地，安装起篮球板、足球门网等设施，建成了一座漂亮的综合体育运动场地。每天下午，镇上都有很多大人、孩子们来踢足球、玩耍。瞧着这些，我们心里都很高兴。为此，镇长先生通过业主项目经理拉伽西先生向我们项目的领导表示了感谢。

故事之三

2008年12月21日，三标段六号营地彩旗飘飘、锣鼓喧天，阿方业主代表、塔曼拉塞特省有关部门官员、艺术家们，以及中方和阿方雇员们齐聚于此，共同庆祝中阿建交50周年。项目部三标段项目经理钱建康、业主代表马扎伊分别致辞，共同表达了对中阿建交50周年的祝贺，深情回顾了两国人民风雨同舟50年彼此结下的深厚友谊。双方表达了携手共进，优质高效完成因萨拉至塔曼拉塞特输水管道项目，为塔曼拉塞特人民早日喝上甘甜的清泉而共同努力的良好愿望。双方都希望通过这一伟大的民心工程，再次为中阿友谊树立一座丰碑！

来自塔曼拉塞特省会的艺术家们表演了精彩、明快的民族歌舞。那些戴黑色面纱、穿黑色长袍的女演员们，在神秘而美妙的阿国音乐节奏下翩翩起舞，尽情舞动着身姿，如同一群精灵，让音乐在肢体上流动，似在太空漫步，又似遨游于碧水；又像是花间的粉蝶在舞，或是翻跹的翠鸟在飞。轻歌曼舞，将友情缀成最艳丽的花篮，献给来自中国的朋友们。

而中方人员的笛子独奏、独唱，则让阿国官员和艺术家们领略了五千年文明古国博大精深的艺术文化；中方与外籍雇员们男声合唱、中方雇员和阿方雇员们的即兴舞蹈表演，更是让整个会场气氛高涨，联欢会被推向了高潮。员工们纷纷拿出手机和照相机，争相拍下这难忘的时刻，作为永存的珍藏纪念。

大家挥舞着中阿两国国旗，此时，即便你不认识我，我也不认识你，即便你听不懂我的中国话，我也听不懂你的阿国语，但丝毫不妨碍中阿两国人民的心灵沟通。众人此时的心情只有一个：能够因为一个共同的目标走到一起而倍感快乐，大家都在为感受这一快乐而尽情地享乐。

一脸胡须、高大帅气的主持人激动地说：在阿尔及利亚这样一个以伊斯兰教为国教的国度，能置身于如此热烈奔放的场合中，对他们来说也是一件很难得的幸事。这样的活动能有效推动中阿友谊的进一步发展。历经了 50 年历史风雨考验的中阿友谊来之不易，今天，又通过我们中国石化工人的双手，将两国人民友好的基石夯得更加牢固。

是的，走出国门，我们不仅代表着中国石化，我们更代表着中国人民。我们要"干一项工程，拓一方市场，交一帮朋友，树一块丰碑"。这才是我们中国石化工人的不懈追求。

愿两国人民的欢声笑语通过我们的水管线工程传递出去，让我们的水管线输出汩汩清泉，汇成中阿两国人民友谊的海洋，更愿我们的事业能够像中阿友谊一样，万年长久！

合作篇

阿尔及利亚，我的"金戈铁马入梦来"

卓 磊（中信—中铁建联合体原总经理、中国铁建国际集团董事长）

2017年3月初的一天，手机提示音轻响了两下，屏幕上跳出我在阿尔及利亚工作时的翻译小赵发过来的信息："卓总，阿尔及利亚贝贾亚联络线的优先段落通车啦！分享照片给您看看。"打开照片，其中一张是一条延伸到远方、笔直黝黑的高速公路，整齐光滑的防撞墙两侧是新画的黄色水平信号线，颜色鲜亮，像七八月艳阳下熟透的麦田的色彩。蔚蓝的苍穹之下，这条黑色的沥青"玉带"没入远处巍峨的群山。打开另一张照片，映入眼帘的是两匹白色的骏马，两个身着柏柏尔白色民族服饰、披着黑色斗篷的柏柏尔老乡露出神采飞扬的笑容，他们各自手里拿着长长的土枪，正在朝天鸣枪，表达庆祝家乡连通高速公路的喜悦。继阿尔及利亚东西高速公路之后，我们在阿国后续承建的贝贾亚高速公路联络线的优先段落也通车了，我不禁感慨万千。面对如此熟悉又让人激动的场景，我的记忆瞬间就被拉回到11年前的秋天。

2006年10月，飞机缓缓地降落在北非阿尔及利亚首都阿尔及尔的机场跑道上，我走出舱门，迎面而来的是阿尔及尔碧蓝如洗的天空。多年以后回到北京，这样的天空便成了时不时跳跃到我记忆中的蓝色印象。来到这座地中海畔的白色之城前，我在中国铁建二十二局担任副局长。2006年5月，中信—中铁建联合体中标阿尔及利亚东西高速公路中、西两个标段工程，这是中国公司在国际工程承包市场获得的各类工程中单项合同金额最大的大型国际设计—建造总承包项目。项目开工典礼上，阿尔及利亚总统布特弗利卡亲自题词："我想亲手触摸到这个世纪工程！"当组织派我来阿尔及利亚担任东西高速公路项目中标段的副总经理时，我毫不迟疑地接受了这个光荣的使命。2007年我开始担任中标段总经理，并自2008年起担任中信—中铁建联合体的总经理，总共在阿尔及利亚奋斗六年有余。回首这段不平凡的岁月，阿尔及利亚对于我，成了一个充满温情、希望、历练与实践梦想的地方，一个写满故事的地方。

阿尔及利亚东西高速公路中标段由中国铁建负责实施，全长169公里，分为七个标段；西标段由中信建设负责，长359公里，分为九个标段。我在国内指挥参建了为数众多的各类基建项目，像这样500多公里的双向三车道的高速公路，对于我这样一个在施工行业摸爬滚打多年的管理者来说，无疑是一个很简单的项目。然而，事实并非如我所愿，一个个的"下马威"接踵而来。

首先"水土不服"的是国内的设计院。虽然参与项目施工图设计的都是国内交通领域的一流设计院，但由于合同明确规定所有的设计及施工必须符合欧洲规范，高速公路各专业所涉及的欧洲规范林林总总加起来超过上千册，设计院在短期内很难有效地悉数消化。面对这个问题，我首先组织设计院收集购买了核心的规范，对重点内容进行了翻译，并让设计院的同事们集中突击学习。另外，在项目的设计外部监督选择上，我们果断聘用了欧洲的知名设计公司SETEC。借助SETEC的平台，通过与欧洲工程师日常的沟通交流和"短、频、快"的欧洲规范培训，我们的设计工程师在最短的时间内建立起了高速公路领域内欧洲规范的概念框架，为项目的成功实施迈出了坚实的第一步。

除了规范的问题，安保也成为我们初来乍到需要适应的新情况。M3路段处在丘陵地区，沟壑纵横，地形险峻。业主提供给我方的简明初步设计资料仅依靠航拍所得的基础资料完成，没有任何地勘资料支撑。

M1 标段 PK251 特大桥繁忙的施工场面

因为存在恐怖威胁的可能性，先前没有设计院敢于把钻机架立在 M3 的走廊里进行地勘。而我们中国的设计院，在当地持枪宪兵的保护下，毫不犹豫地在 M3 植被茂密的沟堑里架起一台台的地勘钻机，穿梭其中进行测量勘察，实践着筑路人最朴素的梦想。M1 和 M2 路段的主营地位于布尔吉·布阿雷里吉省的毕邦地区，据称附近的山区可能藏匿有恐怖分子，军方组织反恐清剿行动时会朝远处的荒山打流弹。我们的营地上空曾出现呼啸而过的流弹，而营地内的员工却以"闲庭信步"的心态继续着正常工作与生活。

　　设计问题解决了，施工又抛给我们一个棘手的难题——炸药的使用。因为受到恐怖威胁，阿尔及利亚对炸药等火工品的控制格外严格，审批手续异常复杂，有许多手续必须到国防部办理。M3 路段需要建设两条双洞的隧道，其总长超过 2.5 公里，为了保证隧道爆破的炸药供应，需要在隧道工地附近建设炸药库。因为根据阿尔及利亚炸药使用的相关规定和程序，炸药的运送由军队负责，最理想的状态也只能实现每周爆破一次，而这远不能满足隧道掘进的进度需求，建设炸药库成为必需。相

中国和阿尔及利亚的故事

灯火通明的 M3 标段隧道

关申请递交后,得到的回复却是:因基础设施项目建设所需而设立炸药库,在阿尔及利亚是没有先例的。听到这个消息,我急得像热锅上的蚂蚁。从地质地貌角度来说,M3 路段山峦起伏、沟壑纵横,是整个东西高速公路项目中最难的路段,尤其是两条隧道的掘进更是项目的重要控制性工程。我通过多方途径写信沟通,试图解决这个问题,然而一场接一场辛苦艰难的奔波之后,仍然受制于规定和程序,事情陷入了僵局,业主也爱莫能助。正在一筹莫展之际,我突然想到或许可以通过外交途径尝试解决这个难题,于是我预约拜访了新上任的中国驻阿尔及利亚大使刘玉和。记得那是 2008 年 4 月末,刘大使夫妇刚刚抵达阿尔及利亚,连国书都还未来得及递交。听我讲了这一情况,刘大使二话不说便先考察了 M3 工地现场的情况,详细地向我们询问了炸药使用的需求情况,包括炸药的种类、炸药库的选址都逐一仔细了解。随后,刘大使积极协助我们与阿军方进行了多次沟通协调,最终成功突破了阿尔及利亚对民事用途炸药使用的严格管制,M3 路段获得批准建立了炸药库,对隧道的正常作业提供了有力的保障。

在阿国实施项目,日常和当地人打交道自然很多。刚开始的时候,业主和当地政府机构对中国人以及中国的承包商不够了解,信任度也不是很高。他们做事一板一眼，在工作中缺乏灵活性，这非常影响效率。为此，我多次跟从国内来阿工作的同胞们强调，工作中一定要尊重对方的宗教信仰和文化习俗，要学会与当地人有效地沟通。我们要以国际化的视角、学院派的严谨和专业化的服务，在阿尔及利亚打造出一张国际化一流承包商的闪亮名片。

我们还主动联络业主，组织了一系列丰富多彩的文体活动。我们曾一起举行足球联赛，在绿茵场上共同挥洒汗水，燃烧激情；春日里去希尔希尔古罗马遗址郊游参观，踏着石子斑驳的古罗马大道，我们在阿国朋友们的讲解下体会历史的无尽风情；在博物馆里亲手触摸保存完整、色彩明丽的整幅马赛克地画，欣赏大批珍贵的雕像、石棺、日用器皿，感受历史的沧桑与魅力。湛蓝的地中海畔风清浪浅，树影婆娑间晃动着阿尔及利亚小孩子们纯真的笑脸，荡漾着来自不同文化背景的朋友们的笑语与欢歌。如此这般，我们与阿国朋友间的陌生与隔阂开始不断消融，友谊生机勃勃地滋生起来。

真正的转变发生在2008年中期。作为社会的"细胞体"，企业源于社会、回报社会，走出国门的我们没有忘记这一点。时值阿尔及利亚公共工程高等院校的学生毕业季，经过与业主的沟通，我们提议组织阿国优秀的工程专业毕业生以及部分管理干部分批次赴中国进行为期一个多月的培训和考察，由中方联合体承担全部费用。参加培训的阿国干部从中国回来以后，之前对中国存在的不实和不信任的看法彻底被刷新。代表团一经抵达北京，首先感受的便是新建成投入使用的首都国际机场T3航站楼：高大的玻璃幕墙，自然的光线透过上千个六边形的天窗照进新航站楼，诗意与理性并存的设计手法构筑了一个面向未来的世界级枢纽机场航站楼，在给人带来强烈视觉冲击的同时兼顾了以人为本和环保节能。在随后的培训期间，代表团成员还参观了我们建设的隧道、大桥和高铁等，这些由中国承包商完全独立自主施工的项目无不以其工程

中国和阿尔及利亚的故事

2008年11月5日，正在阿尔及利亚进行正式友好访问的中国全国人大常委会委员长吴邦国视察东西高速公路项目工地，看望在那里工作的工程技术人员。（供图：中新社）

的高质量水平、先进的施工工艺、技术亮点的应用、专业化的运营管理震撼着阿方朋友，令他们惊叹不已，深受触动。业主中标段项目的总经理拜拉泰先生从中国归来以后对我说："以前只是听闻中国近30年来的惊人巨变，而这次我却不得不说中国是一个神话般的国家。在中国每一天的耳濡目染，我都无不被眼前的现实所震撼，被中国的实力与魅力所折服！"中国之旅以后，我明显感觉业主对承包商的信任感加强了，工作中的沟通也更加顺畅了。

2008年10月，阿尔及利亚北部地区连降暴雨，引发洪灾，不少房屋倒塌，数条主要公路交通中断。我们听闻消息，立即调动就近的设备抢险救灾，修复道路，得到当地民众的赞赏。

在异国他乡的土地上，阿国最普通的老百姓对我们这些"亚洲面孔的外国人"非常友好和热情。初到阿尔及利亚的日子里，在马路上行走，经常有人直接用中文"你好"向我打招呼，这些出乎意料的"礼遇"让身在异乡的我倍感惊喜和温暖。后来的一次经历,更是让我领略了中阿两国人民之间友谊的深厚历史渊源。

有一天,我身体突然不适,便带着翻译小倪去当地医院看病。在医院候诊室里,遇到一位鬓染霜华的当地老人,他见到我显得有些激动,在确认我是中国人以后,笑盈盈地竖起大拇指说:"China"(中国)、"毛泽东"、"周恩来"。他告诉翻译小倪,我还会唱你们中国的一首歌呢,你们想不想听?我惊讶地点点头,老人便用沙哑和略带颤巍的嗓音开始唱起来:"社会主义好,社会主义好!社会主义国家人民地位高……"听着老人用不标准的普通话饱含深情地演唱这首革命歌曲,我和小倪惊讶不已。老人的小孙女也拉开嗓子学着爷爷的样子唱了几句,还冲我们眨眨乌黑的大眼睛说:"我们全家都会唱这首歌呢!"原来,上世纪60年代,老人作为阿尔及利亚民族解放军的飞行学员,曾被派到中国去学习。老人向我们讲述了当年在中国学习和生活的经历,说他在家里一直珍藏着当年航空学校的毕业证书、照片和使用过的一些物品。"在中国学习和生活的那段日子以及和中国人民的深厚感情,是我永生难忘怀的记忆。"老人眼角噙着泪水对我说。末了他又说:"阿尔及利亚人民也永远不会忘记中国人民对阿尔及利亚摆脱殖民统治的解放事业的无偿支持,我不会忘记那个时候我们的战士用的枪炮、穿的衣服、盖的毛毯都是中国送的。"我说:"是啊,中国和阿尔及利亚是患难之交。1971年,也正是由于包括阿尔及利亚在内的非洲兄弟国的支持,中国才得以恢复在联合国的合法席位。"时至今日,当记忆的闸门再次把我带入阿尔及利亚的时候,老人那"社会主义好"的歌声又开始在我耳畔回响,那无法被时间磨灭的跨越半个世纪的情谊,在我心头涓涓流淌。

一条路、两个国家、五万余名中阿筑路人,在众志成城的激情里,在挥洒不息的汗水的浇灌下,一条黝黑的交通大动脉就这样跃地而出,伸向远方。这是一条凝聚了无数中阿工人与管理者心血的"圣路"啊!

旱季的时候，阿尔及利亚经常连续几个月不下一滴雨，似火的骄阳下，工地上却是热火朝天的奋战场面。施工实行三班倒，人停机不停，轮班作业。遇到人少倒不过班时，许多人都是连轴转。一位法国监理工程师对他的朋友说："中国三个工人只需一张床，因为只有一个人在睡觉，另外两个人都在干活。"困难的是雨季施工，阿尔及利亚进入雨季以后，天就如同漏了个洞一般，员工们每天风里来、雨里去，艰苦异常。项目根据雨季施工的特点，做好防雨措施，通过统筹安排、雨退我进、小雨大干、大雨小干、不下雨拼命干的战术，保证了雨季施工计划的完成。凭着坚忍不拔的毅力和永不言败的气魄，我们克服了一个又一个的"拦路虎"：沿线复杂的地形、地质，尤其是被称为"工程师的灾难"的泥灰岩；语言的障碍；工程物资的匮乏；政府行政效率低；技术标准规范与国内不同；等等。最终，我们所承建的高速公路中、西标段总共16个段落陆续提前通车，中国速度不仅让阿国人民惊叹，也让世界同行刮目相看。同期开工的日本人承建的399公里长的东标段，因为日本联合体对阿尔及利亚实施项目的"水土不服"，以及与业主的一些分歧，直到现在还有80多公里的段落没有完成施工。日本联合体最终与业主解除了第三期的建设合同。

  我们的项目上每逢一个段落通车，业主方便会举行一个通车典礼。当地的民众也会自发赶来庆祝。典礼上彩旗招展、人头攒动，当地老乡身着民族服饰，敲着非洲特色的手鼓载歌载舞，或是骑着高头大马鸣枪表达喜悦。每每这个时候，我都感到无比的骄傲和自豪，深感一切的辛苦和付出都是值得的。一次通车典礼上，有老乡找到我，冲着我竖起大拇指说："你们中国人修的路，棒！我从来没有体验过如此平整的高速公路，行驶非常平稳，感觉就像汽车紧紧地咬着路面，真正感受到驾驶所带来的乐趣。"不止这位老乡，很多相识的阿尔及利亚人都跟我讲过："你们的路面太平整了，完全不跳车，跟其他东西高速公路的既有段落相比较，行驶感受完全不可同日而语。"听到这些驾驶人现身说法的赞

时任中国驻阿大使刘玉和、阿尔及利亚公共工程部长古勒出席通车仪式。

扬,我会心地笑了,过往的一路心酸,那也曾疲累到极限的身心和因为压力而辗转难眠的夜晚又算得了什么呢?

2013年12月,在中国与阿尔及利亚建交55周年之际,阿尔及利亚—中国友好协会主席达布什亲自为我颁发了"中阿友谊贡献奖"。我们在阿国的成绩得到了政府的认可,我自是欣慰,但我更加感慨中阿友谊的历久弥坚和深入人心。在这里,我们不仅仅是修筑了一条看得见摸得着的一流的高速公路,更是在为中阿友谊的人心之路填砂筑石、开山架桥!

时光荏苒,阿尔及利亚的奋斗时光已留在昨天。转眼回国工作已五载有余,然而阿尔及利亚永远是我记忆里一场流动的盛宴。那湛蓝的海水,和煦的阳光下摇曳的椰枣树,格外香甜的水果,淳朴热情的阿尔及利亚人民,那些在高速公路项目中一起战斗过的兄弟姐妹们,曾经的热血沸腾、艰辛与挑战、汗水与泪水、收获与喜悦,都是我生命里永不褪色的"金戈铁马入梦来"。

向中国敞开大门
——访阿尔及利亚前高教科研部长阿布巴克尔·本布齐德

刘元培（中国国际广播电台阿拉伯语部原主任）

为促进中国与阿尔及利亚多领域的合作关系，中阿两国政府于1982年签订了关于成立"中阿经济、贸易和技术合作混合委员会"的协议。1985年，混合委员会在阿尔及利亚首都阿尔及尔召开第一次会议。1996年，在北京召开第四次会议，率领阿尔及利亚代表团出席会议的是阿高教科研部长阿布巴克尔·本布齐德。就在会议结束后，通过当时的阿尔及利亚驻华大使阿明·胡尔比介绍，我采访了阿布巴克尔·本布齐德部长。

我首先请阿布巴克尔部长介绍这届经贸混合委员会的情况。部长说："本届经贸混合委员会由我和中国对外经济贸易合作部部长吴仪共同主持，它对两国经贸关系的发展具有重要意义。我们双方都希望两国经济方面的合作能像政治领域一样得到蓬勃发展。我们感到两国的经济关系还没有达到政治关系的水平，我们两国的政治关系是一个典范，经济关系也应该达到这一水准。"

部长接着说："本届混合委员会讨论的问题很多，其中包括经济合作，贸易往来，经验、人员和公司交流，社会、文化和科技等方面的合作等。我想再次强调，阿尔及利亚的大门是向中国兄弟敞开的。我们已

合作篇

刘元培采访阿布巴克尔·本布齐德部长。

作好充分准备，欢迎中国国有和私营投资者到阿尔及利亚各个领域进行投资，阿尔及利亚的政策和法律在这方面提供了保证。这里我想告诉大家，阿尔及利亚政局稳定，经济发展，生活安定。各政党间广泛协商和对话，国内形势越来越好。"

我问部长：阿尔及利亚向中国出口哪些产品？从中国进口哪些产品？部长爽快地回答："我们向中国出口的商品包括磷酸盐、石油和其他中国所需的产品，从中国进口的商品有纺织品、服装、食品、茶叶等。过去，我们购买一些中国商品是通过邻国，如法国和意大利等国。现在，我们不必通过第三国，可以直接从中国进口所有商品。"

在谈到双方经济合作的主要方式时，部长说："现在，我们两国都实行市场经济，我们应向所有企业开放，不管是国有的，还是私有的。参加混委会的阿尔及利亚官员中，也有私营企业的代表和投资者。我们之间的合作与交流包括三个方面：第一是商品交流，第二是两国公司和企业的合作，第三是建立私有或国有的合资企业。我们阿尔及利亚的大门是向所有投资者开放的，不管投资者来自国有企业还是个人。我们也积极制定开放性的政策，使投资者在法律允许的范围内进行投资。"

刘元培与阿布巴克尔·本布齐德部长（右）和时任阿驻华大使阿明·胡尔比（左）合影。

关于投资，我向部长请教，中国可以投资阿尔及利亚的哪些领域？部长说："中国可在阿尔及利亚投资的项目很多，例如医疗卫生方面。中国方面可以在阿尔及利亚投资设立独资公司，也可与阿尔及利亚合作建立合资公司。我们急需医药，希望中国方面尽快参与，希望两国进一步加强医疗卫生领域的合作。"本布齐德部长感谢中国医疗队在促进阿尔及利亚医疗卫生事业和两国友好关系方面作出的贡献。阿尔及利亚独立以后，法国殖民主义者几乎把原在阿尔及利亚的所有技术人员都撤走了，其中包括医生和教师，留下的是一个烂摊子。就在这种情形下，一支由 20 多名中国医生组成的"中国医疗队"，于 1963 年 4 月分两批从北京来到阿尔及尔。长年来，中国医疗队对阿尔及利亚医疗卫生的发展作出重大贡献，中国医疗队被认为是两国友谊的象征。

部长继续介绍说："我们磷酸盐的储量很大，希望中方在阿尔及利亚投资建磷酸盐厂。中国还可以投资建设宾馆饭店，也可以和阿尔及利亚合资共建。在纺织业方面，中国也可以投资建纺织厂、成衣厂。中国还可以通过阿尔及利亚到欧洲邻国投资，占领欧洲市场。"

坐在一旁的阿尔及利亚驻华大使阿明·胡尔比插话说:"阿尔及利亚北部是平原和山地,南部是大片沙漠,面积约190万平方公里,占全国土地的4/5。阿尔及利亚境内河流很少,降雨量不大,故水资源十分贫乏。"大使强调,在水资源方面,阿中双方应长期合作,希望中方能帮助阿尔及利亚建设水坝等设施。

部长说:"阿尔及利亚也很想在中国投资,特别是通过私人参与投资。每年有大批阿尔及利亚人参加广州出口商品交易会,他们不断观察中国市场,确定投资意向。"

阿布巴克尔先生身为负责高教和科研的部长,更关心阿尔及利亚和中国在高等教育方面的合作。

谈到两国高教和科研合作,我深有体会。中国与阿尔及利亚有着传统友好关系。1958年9月阿临时政府成立后,中国即予以承认。同年12月20日,两国建交。建交后不久,两国在政治、经济、军事、卫生、文化和教育等领域的友好合作关系全面发展。与此同时,阿尔及利亚接纳了第一批中国留学生,学习阿拉伯语和法语。这批学生毕业后分配到中央直属机构,其中有中国国际广播电台、新华社和《人民日报》等。至于阿尔及利亚在华留学生,在我认识的阿尔及利亚朋友中,有几位是中国高校毕业的留学生、研究生和博士生。他们有的成为中国问题和中东问题的专家,有的在中国新闻机构工作,成为阿拉伯语专家,有的还参与中央电视台阿拉伯语频道的部分节目,当主持人、播音员和嘉宾等。

阿布巴克尔部长最后表示,希望双方在高教和科研这两个领域加强人员交流,特别在高等教育合作上能取得新成果。

两个月后,本布齐德先生又率领阿尔及利亚高教科研代表团访华,与中方签署了《中阿高教科研合作1997—2001年执行计划》,为推动中阿高教和科研合作作出了贡献。

交流篇

> 伊斯梅尔·达布什：阿尔及利亚与中国的关系：印象、观点及见证
> 安　青：中国功夫架起中阿民心桥梁
> 弗尼德斯·本贝拉：与中国人在一起的难忘日子
> 许琪萍：难忘的赴阿尔及利亚艺术采风和交流之旅
> 达利·贾法尔：阿尔及利亚与中国的关系：不一样的故事
> 李　琼：远方的亲戚
> 法尔雅·费拉里：我和中国的相遇
> 游　丹：邮票中的阿中友谊
> 杨　音："我能摸摸相机吗"
> 刘元培："邮票犹如使者"——与阿尔及利亚集邮家艾哈迈德·阿尔维一席谈

阿尔及利亚与中国的关系：
印象、观点及见证

伊斯梅尔·达布什（阿中友好协会主席）

2016年1月20日，中国国家主席习近平在埃及开罗为联合国前秘书长加利（左5）等阿拉伯人士颁发"中国阿拉伯友好杰出贡献奖"并合影留念。右2为阿中友协主席伊斯梅尔·达布什。

  首先，我要向外交部表示感谢：因为它，我才有机会通过阿尔及利亚驻华大使馆，在阿中建交60周年之际表达自己对阿中友好与合作的看法和印象。

  当然，我能担任阿中友协主席，源自我对中国、对阿中关系的特别重视。我选择阿中友协是因为相信阿中关系不管过去、现在或将来，都建立在长期友好、建设性合作和互利的基础之上。

多年来，对于中国、阿拉伯—中国关系特别是阿尔及利亚与中国关系的重视，大量撰写相关研究文章和参加各种活动支持阿尔及利亚与中国的友谊与合作，让我有幸和联合国前秘书长布特罗斯—布特罗斯·加利等阿拉伯人士一起获得了"中国阿拉伯友好杰出贡献奖"——2016年1月20日，中国国家主席习近平亲自在埃及为我们颁奖。

对于中国和中国人民的个人印象

每次我来中国，都发现城市和农村发生了巨大变化，经济、工业、科技各方面都有了更大的飞跃。尽管中国国土辽阔，但每一寸土地都是工作间，反映了这一世界前沿经济实体的力量来源和背后的奋斗。同时，我每次单独或跟随我们协会的代表团去中国各城市访问（如北京、天津、成都、上海、杭州、广州等）后，都更加确信中国各阶层各地区人民都非常热情好客，社会交往很有人情味。

我对中国的印象和个人评价来自平时跟常驻阿尔及利亚的中国人交流，以及我对中国的多次访问。我注意到也体会过中国人民的理想和价值观，它们虽然看起来很容易理解，但实践起来颇有难度，也就是说，中国人做到了不可能实现的事。我经常在讲座中向阿尔及利亚学生讲中国人如何敬业，在学术和思想论坛上也经常提及。对于一个中国人来说，很难想象他早上出门却没有工作的打算或决心——他首先要感觉到自己的存在，其次要自食其力，以此服务社会和国家。

谈到关于中国人与工作、生产的关系，我记得有一次看到一位法国电视频道驻华记者做的电视调查节目，其中采访了一个中国人，那人当时正和家人、邻居一起忙着清扫被积雪覆盖的道路，记者问："如果你们打算不清扫被雪覆盖的道路，会怎么样？"中国人回答道："我们从没想过这个问题。"你们想象一下，中国人为什么在任何环境和艰苦条件下都积极工作，在自己力所能及的情况下不会坐等国家帮助或责怪国家。

不管是何种形式的服务，中国人都会把它们当作一种工作和荣幸，为之自豪、重视、珍惜，并尽力完成，达到最好的状态，通过组织、安排和思考解决办法，表现出对工作的热爱、完成工作之后的自豪，从出租车司机、酒店公园写字楼员工、销售员、工人、经贸金融服务行业员工到管理人员、知识分子，等等。

中国人能够自食其力。不管是个人、家庭、社会或是管理层，每个人每天一早醒来就开始自食其力，为周围人服务，为他们带去便利，而不是等着别人帮助他、与他合作或请求他。自力更生的文化培养了中国人不依赖、不坐等别人找到问题解决办法和注重细节、不浪费时间的职业精神。

中国人对工作单位有纪律意识和责任感。他们知道自己的地位，知道职责范围从哪里开始、到哪里结束，不会越位或胡乱发号施令，而是认真完成分内工作。他们在得到允许后才行动，不干涉他人事务或触犯他人权利。中国人接到任务后，就在这一框架内完成工作。中国人不会把自己视为老板的伙伴或是并驾齐驱的一方，他认为自己是公司或工厂的生产者，公司的成功是自己的责任；工作完成后才能争取权利，通常都是把工作全部完成后才能够获得权利。

中国人很守时，时间对于他们来说意味着工作、效率和利益。重视、珍惜时间属于高尚的道德和行为价值观。不守时不仅损害人的精神和物质价值，还破坏人际关系和对方坚持的各种原则，给所有人都带来负面后果。

中国人守时的例子不胜枚举。如果你与一个中国负责人有约，假如他是个公司主管，你会发现他非常准点来赴约，或者他和管理团队一起站在公司门口热情迎接你，议程也安排得非常妥当。这样做的另一个目的是事先让你感受到时间观念——你的迟到是不可接受的。因为根据中国传统，你事先知道会有很多人在公司外面等着迎接你。

伊斯梅尔·达布什 2016 年在中国宁夏银川街头留影

我对中国的关注以及阿中友协的建立

我对中国特别是她 5000 多年文明的关注开始于在阿尔及利亚上大学期间。我的专业是政治与国际关系，中国是其中的关键角色。从大学期间开始，我便深信，不管从人文、历史还是文明角度看，中国都是有着文明底蕴和优秀思想的主导力量，她崇尚劳动、依靠理智、以人为本，反对压迫、霸权和侵略，在工业创新和发展上实现了超越。自 1949 年中国革命取得胜利以来，她在反殖民主义、倡导世界正义与平等方面发挥了主导作用，成为合作互利的典范。最近，中国提出"一带一路"倡议，其内容和目标是深化了解、促进协调、加强沟通对话、发展经贸往来，促进她与非洲、阿拉伯世界和欧洲的建设性可持续发展（实现经济、发展、贸易和投资互动）。

得到海外深造机会之后，我前往英国伦敦的约克大学攻读硕士和博士学位，期间我对中国的学术和思想关注不断加深。在关注中国的教授和学者，如弗雷德·哈利迪（Fred Halliday）、约翰·克伦普（John Crump）、萨提亚莫西（T. V. Sathyamurthy）的带领下，我的硕士和博士学位论文的研究主题都是中国及其在国际关系中发挥的作用、阿拉伯与中国、非洲与中国的关系，特别是阿尔及利亚与中国的关系。

在伦敦期间，我与英中友好协会取得联系，获得了很多关于中国的重要文献资料，并与英国许多学者、媒体人和协会成员建立了良好关系。

结束英国的学习后，我联系了阿尔及利亚前驻华大使、对中国特别关注的官员，如前驻华大使穆罕默德·哈吉·亚拉、赛义德·阿耶特·马斯欧丹，致力于两国关系发展的友好人士，如阿卜杜勒·马吉德，以及其他学者、学生和媒体人。1993年，经阿尔及利亚政府批准，阿中友好协会得以成立。众所周知，阿尔及利亚自重新独立以来，政党和议会里就有诸多阿尔及利亚—中国友好机构和委员会，不过，作为市民社会组织的友好协会，是在1989年阿尔及利亚宪法改革后才得以建立的。

我们确定了协会的宗旨，即深化阿尔及利亚和中国人民之间的互相了解和友谊，支持所有促进合作、加深两国友谊的活动。基于这一内涵和目标，我们举行了很多活动，主要包括：

（1）我们不断与学者合作，在阿尔及利亚各大高校和文化中心组织开展关于中国、中国与阿拉伯关系、中非关系和国际关系的学术和思想研讨会，重点讨论阿尔及利亚。

（2）作为一名大学教授、政治学和国际关系学院亚洲研究专业负责人、协会成员，我一直鼓励学生从事关于阿尔及利亚—中国关系的研究并作为论文主题。近五年来，阿尔及利亚各大学对中国的重视不断加强。就最近四年而言，阿尔及利亚三所大学的经济学、传媒学、政治学

2016年7月,阿中友协青年代表团参加在北京举办的阿中青年友好大使项目活动期间留影。

和国际关系学专业硕博士论文中,关于中国、关于阿尔及利亚—中国关系研究的选题超过400篇。

(3)同样,作为协会主席和大学教授,我经常参加国外关于阿拉伯—中国关系和非洲(埃及、苏丹、突尼斯等阿拉伯国家)—中国关系的研讨会和大型会议,主要关注阿尔及利亚。受中国人民对外友好协会的邀请,我还到中国参加了多次研讨会和会议,在北京和宁夏举办讲座,阿尔及利亚驻华大使或使馆代表也同时出席这些场合。最近一次,我与阿尔及利亚驻华大使艾哈桑·布哈利法阁下和阿尔及利亚外交官们得到了中国人民对外友好协会会长李小林女士的接见。

(4)从阿拉伯和非洲层面,我们协会参加了所有致力于加强中国与阿拉伯、非洲人民友谊的活动,成为阿拉伯国家联盟下属的阿拉伯—中国友好发展协会的成员。我个人作为阿尔及利亚—中国友好协会主席担任发展协会秘书长助理,负责马格里布地区。自发展协会2006年建立以来,我们参加了所有在阿拉伯国家和中国举行的会议:2006年在苏丹、2008年在叙利亚、2010年在利比亚、2012年在中国宁夏、2017年在中国北京。

（5）我们鼓励两国民间互访、会晤和学术、文化、媒体、旅游、体育交流，组织研讨会和展览，促进两国文化文明推介。协会成员参加了在阿尔及利亚举办的各种有关中国的艺术、文化、体育类展览。我作为协会主席参加了阿尔及利亚在中国举办的各种文化、艺术活动和阿尔及利亚传统产业展览。

（6）自协会成立以来，我们定期组织赴华访问，并接待中国人民对外友好协会代表团来访。最近一次中国代表团到访是在2017年5月21日至26日，我们为代表团安排了参观访问，在阿尔及利亚第三大学举办了关于"一带一路"倡议的论坛，中国驻阿尔及利亚大使出席论坛，学生们和中国代表团进行了长达4小时的对话交流。

（7）协会的青年代表团也参加了协会联合会、阿拉伯—中国友好协会（总部在苏丹）和中国人民对外友好协会联合举办的阿中青年友好大使项目2016年7月在中国北京、2017年4月在埃及的活动。

（8）协会参加中国的各种节日庆典，向中国人民献上节日祝福。协会每年都举行庆祝中国春节的活动，向在阿尔及利亚生活的中国人和全体中国人民献上祝福。

（9）在中国和阿尔及利亚友谊框架下，协会定期组织与常驻阿尔及利亚的中国人的各种访问会见。协会成员们还邀请中国人参加家庭聚会，增进他们对阿尔及利亚传统习惯的了解。

（10）每年第一季度，协会都与中国驻阿大使馆、阿尔及利亚外交部、环境与城市规划部、阿尔及尔省联合策划组织文化和旅游活动，比如种植数百棵象征阿尔及利亚—中国友谊的树苗。通过中国驻阿大使馆，经由外交部、环境与城市规划部协调，协会得到中资企业支持，成功在阿尔及利亚最大的公园——巨风公园建成由两座塔和中国风格大门组成的地标，象征两国人民深厚永恒的友谊。

（11）在中国驻阿使馆的组织下，协会与全国性报纸共同参与评选关于中国与阿拉伯、中国与非洲，特别是中国与阿尔及利亚关系的最佳征文。中国驻阿大使馆为获奖者提供了一次免费的中国之旅。同样，我们也正在征集关于阿尔及利亚—中国关系的最佳文章，获奖者将作为阿中青年友好大使项目代表团成员访华。

中国功夫架起中阿民心桥梁

安 青（中国前驻阿尔及利亚使馆政务参赞）

飞机在若有若无的薄云中穿行，投影在蔚蓝色的地中海上，俄而掉转方向，沿着绵延不断的弯曲海岸线一路向西。远远的，在一片葱绿的丘陵间仿佛忽然长出一大片白色的蘑菇圈，待飞得近些低些，便看到依山而建的鳞次栉比的建筑群，那便是阿尔及尔——白色的城，英雄的城。几年过去了，第一次从飞机上俯视阿尔及利亚首都阿尔及尔的一幕还清晰地留存在脑海中。位于非洲大陆北端、地中海南岸的阿尔及利亚距离我们那么遥远，飞机直航也要近 12 个小时才能抵达。可工作一段时间后我发现，阿尔及利亚距离我们又很近。这"近"，是心与心的距离，是争取民族独立解放过程中的理解和帮助，是国家建设发展过程中的信任和帮扶，是国际舞台上坚定的支持，是传统文化的交融并蓄。在阿工作的几年，我一次次地感受到中国传统文化对两国民心相通的促进作用。而中国功夫——武术，无疑最受阿青年喜爱，在促进两国文化交流和人民相互了解方面起到了独特作用。

我到馆后不久，就见证了由中国驻阿尔及利亚大使馆、阿尔及利亚武术协会联合举办的"中阿友谊杯"武术大赛。比赛在阿尔及尔一著名体育馆内举办，295 名选手参加比赛。他们来自阿尔及利亚全国各省的 91 个俱乐部，有些来自北部富庶的丘陵地带，有些来自高原和山区，更有些甚至是从上千公里外撒哈拉沙漠深处的城镇赶来。他们年龄迥异，

交流篇

参加武术大赛的阿尔及利亚女选手和裁判

有的胡须络腮,已是剽悍的中年大汉;有的还是黄发垂髫,面容稚嫩,一招一式却已颇见功力。最让我惊讶的是,选手中还有不少女子,难道阿拉伯国家女子不应该都是头纱遮面,鲜少抛头露面吗?旁边的阿国友人自豪地向我讲述说,阿为促进男女平等采取了一系列措施,有力保障了妇女的合法地位和权益,如规定女议员比例,在政府中保持一定数量的女部长,在全国各地设立保护妇女的专门机构,为促进妇女就业成立专门的培训机构等。这些措施已经初见成效,阿妇女地位显著上升,女子已经走出家门,成为国家发展和社会建设的重要力量。

简短的开幕式结束后,比赛正式开始。一时间,现场彩旗招展,锣鼓喧天,上千名观众挥舞着中阿两国国旗和阿各武术协会、武馆的会旗、队旗,呐喊助威声震耳欲聋,颇有些武林大会的感觉。选手们身穿中式武服,胸前背后印着各种汉字、太极图。上场必行揖礼,结束互相致敬,一招一式,有板有眼,对打切磋,却能点到为止。比赛从上午开始,涉及刀术、南棍、南拳、鹰拳、虎拳、对打、套路等,一直进行到晚上八九点钟,决出了武术散手和套路的42个单项奖和15个团体奖。10个小时的比赛,选手们始终斗志昂扬,观众们也热情不减,表现出对中华武术的极度热爱。中国驻阿尔及利亚大使刘玉和、阿尔及利亚武

时任中国驻阿尔及利亚大使刘玉和在"中阿友谊杯"武术大赛开幕式上致辞。

术协会会长扎赫比卜和阿青年体育部长代表杰马勒出席观看比赛并为选手颁奖。比赛间隙,还举办了中方赠送阿武术协会武术器材的转交仪式。

  中国功夫在阿尔及利亚拥有众多的粉丝。走在大街上,经常会有人友好地问你"中国人?"得到肯定答复后马上对你竖起大拇指,大声地喊"功夫"。在这个约 4000 万人口的国家,35 岁以下青年占国民人口的比例高达 70%。青年人从电影电视中认识了 Bruce Lee(李小龙)、Jacky Chan(成龙),也熟识了中国功夫。武功高强、热血柔肠的侠士形象深植阿青年心中,令他们心怀向往。上世纪 80 年代起,阿就出现了中国武馆,建立了武术协会。目前,阿尔及利亚已有武术俱乐部百余个,分布在全国各省,日常习武青年逾 5 万名。阿尔及利亚武术协会越来越受到广大人民群众和新闻媒介的关注。阿青体部对武术非常重视,已经把"中国武术"纳入国家体育项目中。

阿人民尚武爱武,不仅是喜欢武功招式,更愿意通过武术了解其中蕴含的深奥的中国文化和哲学。我曾在武术比赛现场遇到穿着印有太极图案武术服的阿青年跟我讲述对天人合一、人与自然和谐相处的感悟;也曾在街边碰到青年友好地向我作揖行礼,继而抒发对尊师爱友、谦虚宽容、自强不息的武德的崇敬;也曾在外交场合碰到博学的智者盛赞以和为贵、止戈为武的中国哲学思想。武术以独特的方式诠释着中国文化,成为中阿民心相通的桥梁。

离开阿尔及利亚倏忽两载有余。午夜梦回,时而浮现眼前的有地中海畔被海风吹得几近倾倒却始终郁郁葱葱的橄榄树、广袤沙漠中历经侵蚀却姿态万千的沙漠玫瑰,更有阿人民友好热情的笑容和对中国满满的情谊。"相知无远近,万里尚为邻",随着双方文化交流融合越来越紧密,"一带一路"建设的辐射作用日益显著,两国人民的了解和理解将进一步加深,中阿友谊必将结出更丰硕的成果。

与中国人在一起的难忘日子

弗尼德斯·本贝拉（阿尔及利亚《人民报》总编）

尽管只是媒体人记忆中的零星片段，却也是两国共同点和展望的生动见证。中国人一直在说："我们绝不会忘记阿尔及利亚在中国重返联合国过程中发挥的作用。"

有太多记忆扎根在我的脑海里，我这辈子都无法忘记。不管是在我的祖国阿尔及利亚，还是在中国这个崛起中的亚洲大国，只要我作为一名记者还在报道新闻事件、参加各种论坛和研讨会，我都会牢记这些记忆。我密切关注中国朋友的活动，他们从过去到现在一直致力于提升阿中双边关系，使之成为得到政治分析家们和两国事务关注者们认可的全天候战略伙伴关系。

于是，我在朋友、中国前驻阿尔及利亚使馆文化参赞石岳文的要求下，记录下我与中国人交往的经历、我对他们行为方式和工作的印象。无疑，我的朋友石岳文有着很多难忘的回忆，特别是我们一起成功主办了中国驻阿大使馆和我现在任总编的《人民报》组织的征文比赛。通过这次庆祝阿中建交55周年的征文比赛，阿尔及利亚人关于中国的集体记忆生动体现出来。这是我珍藏的记忆，我要把它忠实详尽地记录下来，避免遗漏任何我认为重要的细节，以便完整勾勒出我的中国印象，表达我心底蕴藏的种种感受和对人性光辉的深度思考。

交流篇

弗尼德斯·本贝拉（前排左4）一行在北京故宫留影。

回到起点

  《人民报》创立于阿尔及利亚独立初期，它于 1962 年 12 月 11 日人民发出抗议后应运而生。半个多世纪以来，《人民报》始终坚持办报宗旨，见证了独立后的阿尔及利亚建设和发展的历程。当我重新回忆作为《人民报》总编和记者对中国人特别是刘玉和大使在一些场合的活动进行采访报道时，很多画面从我的脑海中冒出来。

  刘玉和大使以及我近距离接触过的他的继任者参加活动的画面多得

令人应接不暇，很难举其一而忘其他。我深感他们对于履行使命是多么忠诚尽职，他们极好地代表了自己的国家。我从他们身上得到了切身体会。他们坚持不懈、发自内心地为了使阿中关系成为国际合作的典范而努力，这一关系建立在和平、相处、不干涉内政、相互尊重的原则基础上，为实现世界和平与稳定而共同奋斗。

刘玉和大使和中国其他外交官乃至中国领导层都在践行这些价值观。这些价值观是阿尔及利亚和中国两大革命成功的基础，也是他们无条件投入到支持民族解放运动、帮助各国人民摆脱殖民主义的事业的基础。

建交 50 周年对话意义非凡

我清楚地记得刘玉和大使 2008 年分析评价阿尔及利亚与中国 50 年的外交关系时的观点是多么准确。这一分析缜密完美，向关注这类问题的人给出了关于两国关系中稳定与变量的详细解答。这一对话在中国大使馆举行，即位于首都阿尔及尔烈士大街 39 号的《人民报》社附近。时隔 10 年之后，其中的思想仍然适用于当前。

刘玉和大使向我描述了他作为中国驻阿尔及利亚大使递交国书时的情景，还有他参加阿卜杜勒·阿齐兹·布特弗利卡总统举行的庆祝 1954 年 11 月 1 日阿尔及利亚革命爆发 46 周年的招待会的经历，他说："在人民宫举行的招待会上，我向布特弗利卡总统致以来自中国的热烈祝贺，庆祝第 46 届解放革命节。我见到了一些老兵，与他们聊起了这一历史事件。回忆起解放革命，他们都沉浸在幸福之中，翔实生动地向我提起了往事。当我们思考这一历史事件时，我们发现阿尔及利亚革命的胜利是在长期斗争、历经多次关键战役之后来临的，取得了重要成果……在这场革命中，中国与阿尔及利亚共同奋斗，始终与她并肩作战、给予支持。中国承认阿尔及利亚临时政府，承认其国家独立。"

当时，大使停顿了片刻，又开始激情飞扬地讲述其他细节："谈到中国和阿尔及利亚两国的革命，我们发现共同点很多。首先，都有着坚强意志要实现独立、捍卫国家主权、保护民族政治自决、为人民利益服务、在任何情况下保障人民利益；第二，就是和平正义的价值观。尽管地理上相隔遥远，双方都选择恪守和平正义，在任何情况下都捍卫它。过去中国和阿尔及利亚几乎拥有各方面都相似的遭遇，中国自鸦片战争以来经历了半殖民地半封建社会，而阿尔及利亚则被法国占领长达132年。这样的历史遭遇在两国人民心中种下了通过斗争获得解放、独立、建立独立社会国家、捍卫领土完整的坚强意志。"接着，刘大使开始详细地讲述阿中关系走过的不同阶段、两国领导人在万隆及其他国际场合的会晤——当时中国作为一支强大力量出席，并且无条件支持阿尔及利亚的正义事业，直至我们击败法国殖民者。正是为了回报中国的支持，阿尔及利亚始终站在中国一边，支持北京恢复联合国成员国的资格和安理会常任理事国席位。这是在当时的阿尔及利亚外交部长、现任总统阿卜杜勒·阿齐兹·布特弗利卡于上世纪70年代初在联合国大会现场指挥完成的——阿尔及利亚等国提出的关于恢复中国在联合国合法席位的提案得到了绝大多数国家的支持。

中国人眼中的阿尔及利亚

阿尔及利亚的这一立场一直为中国所赞赏并念念不忘。我还记得首都北京的人们反应有多么热烈。在2006年的中非论坛之后，我随阿卜杜勒·阿齐兹·布特弗利卡总统出席中非媒体合作论坛时，他们热烈地欢迎我。在北京市中心的王府井商业街，我被很多中国人包围。当他们知道我来自阿尔及利亚时，兴奋地不断向我重复阿尔及利亚当年发挥的作用。他们对我说："我们绝不会忘记你们国家在我们恢复联合国合法席位和安理会常任理事国地位的过程中发挥的历史性作用。我们通过录像带看到了阿卜杜勒·阿齐兹·布特弗利卡外长提到的'一个中国'原则。"当我作为《人民报》代表再次来到中国，参加2015年9月20—22日举办的"一带一路"媒体合作论坛时，中国朋友再次向我强调了这一立场。这是我第二次访问这个亚洲大国，我更加坚信中国的雄心一定能实现：她继续努力成为世界经济的一极，她就国际局势表明立场，摒弃雅尔塔协定、波茨坦宣言和旧金山合约遗留下来的旧的国际格局。

从这方面说来，我身边的中国人会分析问题，对他们参加的各种活动进行解读，包括中国国庆庆典、阿中友好委员会会议等。他们会提到两国首脑对加强经济往来、企业合作和战略伙伴关系的重视，一致表示这一伙伴关系建立在平等、互相尊重和互利的基础之上。

因此，中国政府鼓励发展与阿尔及利亚在建筑和住房、公共工程领域的劳务合作，尤其是在东西高速公路上，超过3万名中国工人的参与便是这一方针的体现。刘玉和大使在回答各种新闻媒体提出的问题和参加有关阿尔及利亚经济改革的"人民论坛"时，均强调中国企业响应这一趋势，对通信等阿尔及利亚已开放领域的各种项目进行投资并参与施工，如华为和中兴公司等，虽然多数来阿中国人不会阿拉伯语和法语仍是个问题。

征文比赛是一次有意义的尝试

对于我在新闻圈内结识的中国人来说，媒体拥有特殊地位，在双边关系中也发挥着独特作用。《人民报》也为推动两国合作、共享更美好世界的愿景作出了贡献。

《人民报》受中国邀请参加中非媒体论坛、"一带一路"论坛等各种活动和论坛，并不令人意外。我作为《人民报》代表出席这些活动，也对这个亚洲大国取得的成就有了切身体验。她能与各个大国竞争，在推行其经济模式的同时牢牢把握社会主义方向。

我还记得中国大使馆在刘玉和大使任职期间与《人民报》成功合作取得的历史性成就——举办庆祝两国建交55周年征文比赛。时任文化参赞石岳文对比赛的成功举办功不可没，我曾与他每天相处，甚至忙到夜里很晚的时候。那段时间，我们一起收集稿件，挑选、评价很多媒体人士、艺术家、教师和作家充分施展才能创作出的美文。让我们惊叹的是，这些人把暑假全部用来创作关于阿尔及利亚与中国建交55周年的作品，他们回顾两国取得的成就、价值观和各种不变的坚守，展望两国备受关注的各领域关系的前景。这次征文比赛参赛者人数众多，质量上乘的参赛作品超过70篇，从中挑选出15名胜出者对我们来说并非易事。石岳文参赞在评委会中发挥着主要作用，而我作为《人民报》代表参与其中。获得一等奖的两名选手应邀赴中国游览一周，他们从亚洲大国梦想与希望之旅归来后撰写的印象札记与获奖的15篇作品一起发表在《人民报》上。

敬业守时的中国人

中国人的共同特点是敬业、奉献、守时，有责任意识。这正是中国实现高水平发展和崛起的原因。中国奇迹得以实现并达到一定水平，引起全世界广泛关注，探寻其根源并努力从中受益，试图度过现在的困境。但是，中国人对这个问题有自己的看法。每次我问他们进口的可能性时，他们总一口否认："进口产品是可以的，但进口发展模式很困难。中国也从没想过输出她的发展模式。历史证明，各国都有自己的模式、国情和特点，中国选择了有自身特色的社会主义道路，其他国家根据实际情况和特殊性选择能取得成功的模式。人民努力响应并切实执行的模式就是成功的模式。"因此，这个图景就是这样一个等式：成果来自额头上的汗水、创造性的工作。尽管各种工作的劳动性质存在诸多差异，中国政府一直鼓励并给予肯定。热爱工作是中国人的共同特点，是他们朝着发展和成长奋进的动力。

众人称赞的伟大

中国的伟大还体现在她应对金融危机的能力。全球化的蔓延让所有国家都被金融危机波及，因为各国在同一环境中相互依存和融合。近40年的改革之后，中国依然在遵循开放政策的道路上前进，努力取得更多实际成果。中国得益于这项政策，并依靠一揽子决策，如优先发展拥有广阔市场的内陆地区，加强供给，鼓励农民并为他们提供所有支持手段来创造国家财富，最终摆脱了全球金融危机的消极影响。此外，她一直是主张建立世界经济新秩序的国家之一。

阿尔及利亚—中国友好协会：见证

在伊斯梅尔·达布什博士领导下的阿尔及利亚—中国友好协会组织的研讨会上，中国朋友向我们表示，他们很高兴通过活跃在阿尔及利亚的企业，在基建、公共工程、交通和信息技术、通信等领域的诸多项目中作出贡献。其中一位华为公司的员工向我们透露，阿尔及利亚目前处于史无前例的快速发展阶段，可以成为下一个崛起的非洲经济大国，她拥有人才资源，高等院校、各类教育机构毕业生众多。他表示，自己每天都通过与阿尔及利亚人的各种会议和共事工作体会到这一点。

中国模式使得阿尔及利亚的宏图得到了力量。就像中国从上世纪80年代初邓小平时期制定并一直贯彻的政策一样，阿尔及利亚制定了五年计划，确定了目标和手段，致力于达到像中国那样的水平。跟我聊到中国模式的那位华为公司员工说，阿尔及利亚的快速发展让他震惊，无法形容的改变让阿尔及利亚赶上发展中国家的发展队伍，她利用现有机遇、借鉴他国经验，尤其借鉴中国的经验：根据自决原则捍卫主权，防范任何危机，进行自我建设。

在 2015 纪念中华人民共和国成立 66 周年的招待会上，中国使馆政务参赞李文仲对我说，阿尔及利亚和中国的关系达到了全面战略合作伙伴的水平，与几十年来两国的友谊精神和坚实合作相呼应。中国驻阿尔及利亚大使杨广玉表达了同样的观点，他说，在阿尔及利亚各个行业勤奋工作的 4 万名中国工人从来不曾担心自己的人身安全，中国企业也尽全力雇佣、培训阿尔及利亚当地员工。华为作出了很好的表率，雇用了 800 余名通信领域的当地工程师。

"我们做到的还很少，要实现的更多"

这是中国显而易见的优势和标志，是其面对变化多端的国际形势的武器。为了朝着更好的方向前进，她以尽可能快的速度进行改革，不把问题堆积、复杂化到难以收拾的地步。

中国很早便作出这一选择，这已经不是秘密，她不称王称霸，以免引起其他国家的敌视。关注中国的活力、模式和道路的人对这一特点进行了仔细研究，发现它如何使这个国家短期内通过自力更生、独立自决、不依赖别人而实现了跨越式发展，达到这么高的发展水平。

每个中国人都会回答你这个亚洲国家是否达到了期望的水平，尽管这样的水平并不是她的真正目标，而是进一步提升的开始。他们会极为谦虚地对你说："我们是一个发展中国家，做到的还很少，要实现的更多，还有更远的路要走。"

我们 2015 年在北京参加"一带一路"论坛时，所住的酒店就坐落在修建成鸟巢形状的著名的奥运会场馆旁边。这一场馆体现了中国的工程建筑水平。中国发起的技术革命融合古典与现代，创造出一幅美观迷人、极其炫目的建筑图景。在此，我要提及法国记者、参加论坛的《法国经济报》代表李济科的话，他很赞赏中国的井然有序和行为文明。受中国《人民日报》邀请参加"一带一路"论坛的法国一家专业报社的主编大卫·巴罗，回宾馆路上与我同乘一辆德国大众车，他对我说："在有纪律的人民面前，不可能都变成了可能。"当我注视着北京绿意盎然的宽阔街道上一大早人来车往的场景时，这位发表了许多中国变化相关报道的法国记者似乎读出了我的想法，他说，中国将是21世纪下一个改变历史的力量。此话不假，正应验了人们经常引用的阿兰·佩雷菲特那句话："当中国觉醒时，世界将为之震动。"

中国所经历的变化属于一个不随时间和地点停止的路线图的一部分。这个亚洲大国向来访者展示了她生活的各个方面。在周密规划的框架下，中国按照利益共享原则，力求实现既定目标，使得每一个公民都能参与计划实施。各国来访者宣传着中国的变化，他们传达了真实的信息，证明了中国在稳定中坚持变革，在恪守传统精神的同时保持开放和接纳。

按照这种模式，中国取得了长足的进步，成为一大有影响力的经济力量。在不少设法进行建设、寻找方案摆脱落后的西方国家实践失败的时候，中国取得了令人瞩目的成功。金融危机和经济困难重创了欧元区、美元区和日元区，受波及的国家数不胜数。然而，依靠基于传统与现代、经过长时间检验的中国经验和取得的各种成就，中国正朝着引领经济前沿、成为世界经济决策者的方向前进。中国的传统文化让每一个来过中国的来访者都体验过，从中国百姓根植于心的日常行为、穿着、装饰和各种仪式上都能目睹。

不朽的仪式

在许多景点向游客展示的仪式性表演，讲述了这个大国的文明历史和她从帝国到共和国的制度发展历程，外国人由此了解了这个国家的种种神秘。这些仪式在参加"一带一路"论坛的媒体代表团参观过的故宫、天坛、长城等旅游胜地得到了很好的展示。这些地方游客络绎不绝，带来了大量创收。

历经时代更迭，这些闪亮的光芒长存在集体记忆中，中国人沿着它不断前行。阳光增加了它的光彩，它破除藩篱禁忌、自力更生发展的经验得到了世人的认可。

难忘的赴阿尔及利亚艺术采风和交流之旅

许琪萍（中国画家）

为庆祝中阿两国建交 55 周年，2013 年 3 月，应阿尔及利亚文化部邀请，我随中国画家代表团赴北非阿尔及利亚采风、创作、交流、展览。在阿 20 余天的生活体验，让我深切地感到中国画家团所到之处阿国从政府官员、文化艺术界名流到普通百姓对中国政府、中国人民发自内心的真挚热烈友情，同时也体会到了艺术在对外交流中独具魅力和不可替代的巨大作用。

阿尔及利亚，早上好

阿国家电视台每天早上 8 点半至 9 点半有一档非常受欢迎的直播节目《阿尔及利亚·早上好》。3 月 20 日上午 8 时 45 分，《阿尔及利亚·早上好》栏目女主持人微笑着说："这几天在首都有一个非常精彩的艺术展，主题是中国画家眼中和画笔下的阿尔及利亚。我们请到了他们中的两位中国女画家，这位是许琪萍。"电视镜头转向我时，我举起了用中国书法篆体书写的"阿尔及利亚·早上好"，并用刚学会的阿拉伯语说："阿尔及亚，早上好！"女主持人非常惊喜，称赞中国女画家用这种别致的中国艺术形式点了节目的主题，又传达了对阿尔及利亚观众美好的问候。我顺势简单介绍了什么是中国书法，并当场将这幅书法作品赠给《阿尔及利亚·早上好》栏目组。电视镜头又转向另一位中国女画家，她展示了用中国山水画形式创作的长卷——阿尔及利亚名胜杰米拉遗址画作。接下来，女主持人开始介绍17号在首都开幕的"中国画家眼中的阿尔及利亚——中国画家阿尔及利亚采风作品展"。

拉希姆美术馆的盛大节日

3月17号下午4点30分，位于阿尔及尔市中心的拉希姆美术馆前车水马龙，馆内灯火通明，人头攒动，电视摄像照明灯频频闪亮。色彩缤纷、风格迥异、内容丰富多样，反映阿国美丽的自然风光和多彩人文风情的"中国画家眼中的阿尔及利亚"美术作品展在这里拉开了大幕。六位中国画家经过十天在阿国紧张、愉快的采风写生，又利用六天的时间把在阿国所见所闻所感的创作灵感和激情宣泄在60余幅画作中，这些作品与三位阿方画家的30幅画作在美术馆里形成了不同国家民族、不同画风融为一体，共同展现人类真善美艺术的海洋。作为专门研究非洲原始艺术的写意国画家，我创作了十幅大尺寸的反映阿国人物风情和自然风光的彩墨作品，画面既有非洲原始艺术的浑厚和张力，又有浪漫的地中海风情，吸引了众多观众驻足欣赏。

中国画家团的作品艺术风格各异，画种有中国画、油画和综合材料，既有写实，也有意象，既有平面作品，也有浮雕，具有较高的艺术水准，在当地艺术界引起强烈反响，受到了阿国各界和驻阿各国外交官的喜爱和广泛的赞赏。

画展的影响

"中国画家眼中的阿尔及利亚"画展展出四天，在当地产生很大影响，尤其在当地美术界反响强烈。17号开展当天，就有数百位来宾参观，阿文化部秘书长达莉拉、文化部合作司副司长斯梅尔、中国驻阿尔及利亚大使刘玉和、文化参赞石岳文和驻阿中建公司陈总等到场参观并和每一位画家探讨作品，场面热烈而融洽。很多来宾从思想和精神层面来理解和评价展出的作品。

阿文化部秘书长达莉拉评价说："每幅作品都非常美，无论现代还是传统的技法，都体现出艺术家内心深处的真挚情感，以及他们对阿尔及利亚历史人文的不同解释。画家是国民灵魂的使者，能够表达出民众无法表达的思想，两国画家之间的交流将更加丰富两国文化交流的内涵。"阿文化部合作司副司长斯梅尔认为："这样的艺术盛会，是具有历史意义、非常有价值的活动，因为不但有中国画家画阿尔及利亚内容的作品，还有三位在中国学习美术的阿籍画家也在画展上展示了他们眼中的中国。"刘玉和大使在画展上指出：两国艺术家不仅是用画笔在画，更是用心在画，中阿两国都拥有悠久的历史和丰富的文化，双方历来重视历史与文化交流，主张文化多样性，此次画展正值中阿两国建国55周年，必将进一步拉近两国人民距离，加深理解，为深化两国传统友谊谱写新篇章。

阿艺术家协会主席、国家美术学院院长，阿拉伯高等翻译学院院长和阿国众多艺术家、画家对中国画家在如此短的时间内创作出这么多高水平、风格各异、多画种反映阿国内容的精美艺术作品纷纷表示钦佩和赞赏。国家美术学院院长专门找到我，希望我下次能来学院讲学。一些美术学院的教授和学生希望能够到中国办展和留学，进一步了解中国艺术。很多观众都表达了要购买展览中作品的意向。展览第二天，巴西、西班牙等国大使专程来美术馆参观，对中国画家的作品表示赞赏，对中国文化艺术参与国际交流表示钦佩。巴西大使在展览上特别欣赏我画的反映阿尔及利亚风情的现代国画作品，希望收藏其中两幅作品，展览最后一天，他专程派秘书再次来到展览现场，表示要收藏我的《三个女人》和《节日》两幅作品。阿国电视台、报刊和国内新华社等媒体都到现场采访并报道了展览盛况。

三八节的联欢

君士坦丁采风——欢乐的三八节

3月7日,阿国文化部官员和我使馆李咏梅陪同画家团驱车6小时,来到了阿尔及利亚东部著名的古城君士坦丁。君士坦丁坐落在苍翠的山谷间,著名的多座巨大古桥将城市联结起来。建在山间、高低错落的各色建筑在夕阳下让人感觉仿佛进入了童话世界。画家团甫一抵达,马上被当地文化局请到市中心的展馆,参加为庆祝三八节而举办的女画家美术作品展。六位中国画家刚一进入展馆,立刻被数十位阿国女画家和数百名观众包围。一时间,汉语、英语、法语、阿拉伯语和欢笑声此起彼伏。拥抱、贴脸、相互问候之后,中国画家和阿国女画家马上展开了艺术的探讨和交流。中国画家拿出随身携带的画册赠送给阿国女画家们。交流中唯一不用翻译的是中阿画家们的作品,大家相互欣赏着,指点着,打着手势……画展开幕式上,主持人宣布要由中国画家和当地名人一起为阿女画家颁发获奖证书。于是，中国画家轮流上台为阿国女画家颁奖，展览欢乐的气氛进入高潮。

3月8日上午，代表团又被邀请参加了当地纪念三八节的大会。省长发表了讲话，并向参加过抗法战争的女性老战士颁发荣誉证书。主办方还在会上感谢远道而来的中国画家代表团能够参加纪念大会。会场外，广场上盛装的阿拉伯群众挥舞着长枪和弯刀跳起了民族舞蹈，并热情邀请画家代表团加入。擅长舞蹈的我加入其中，跳舞的阿拉伯群众立刻以舞蹈着的我为中心跳起热情奔放的民族舞蹈，并向天空鸣枪。中国画家的参加赢得了广场上阿国群众的阵阵掌声和欢呼，他们争相与我们合影留念。

当天下午，在君士坦丁一座有上百年历史的剧院，画家代表团被特邀参加一场专为阿国女性举办的三八音乐联欢会，并特别允许中国男画家入场（阿国男性禁止入内）。当中国画家入场时，全场阿国妇女热烈鼓掌欢迎中国客人。全场灯光转暗，台上八位阿拉伯音乐家奏起民族乐曲，忽然一位阿国大妈从座位上站起来，走到剧场通道，伸开双臂，摘下头巾，随音乐慢慢舞动起来。全场一下沸腾起来，阿国妇女一改平日头巾严裹的习惯，摘下头巾，散开长长的头发，热烈地跳起舞来，年轻女性还跳起迪斯科等现代舞蹈。我和驻阿使馆李咏梅也热情地参加其中。阿国妇女发现中国女画家也在舞蹈后，跳得更疯狂了，整个剧场在热烈的舞蹈和尖叫声中仿佛晃动起来。李咏梅感慨地说："参加这么热烈疯狂的三八节活动，还真是头一次呀！"真没想到，阿国妇女还有这热烈疯狂的一面。

在君士坦丁的几天，当地文化局官员和画家们还陪同中国画家团参观了名胜古迹、清真寺和街区。当地的风土人情、自然风光，给中国画家留下了美好的印象。尤其当地民众对中国的热情，使大家感动不已。

世界遗产的魅力

采风期间,在我驻阿使馆和阿国文化部的精心安排下,画家团参观了著名的世界遗产杰米拉遗址群。规模宏大的古罗马建筑群,千年来静静地矗立在绿色的山谷间,世界各地的来访者无不为它历史的悠久、规模的宏大和精美的建筑艺术所震撼。中国画家们在激动中用眼睛、画笔、照相机记录着它的雄姿和神韵。在后来的画展中,六位画家用中国画、油画等多种形式对它进行了描绘和展现。

画家团还参观了距首都阿尔及尔70公里的蒂巴扎海边的古罗马建筑群,并与当地正在举办画展的阿国艺术家进行了艺术交流和探讨。

美术学院的交流与创作

3月11日上午,中国画家代表团来到了坐落在地中海边的阿国家美术学院进行访问,并准备将采风积累的素材和灵感在这里进行艺术创作。美术学院的院长和教授们介绍了学院情况。作为阿国最高美术学府,这里学费很低,每年只需交约合6元人民币的学费。学院建在临海的山坡上,规模不大,但教室、画室、图书馆等高大明亮,教学设施齐全。经商量,学院腾出两间宽大的画室供中国画家分成中国画和油画两组进行创作,同时辅导该院学生。学院各年级学生踊跃报名要求做模特。在油画室,数十位各年级学生团团围住油画家化筱勇和王雷,观看他们创作。正在制作壁画的杨广文给学生示范制作画面效果。在临时的国画室,数十位学生围住国画家戴淑娟和我,我俩分别为学生们介绍了中国画的笔墨纸砚,讲解示范中国画的基本画法。师生们对中国画家创作的全过程进行了拍照和录像。不少学生希望能得到中国画家的一些示范作品或书法。在美术学院的六天紧张愉快的创作和交流中,六位画家完成了近80幅艺术风格各异的中国画、油画和浮雕作品。阿国家美术院教授们

中国和阿尔及利亚的故事

许琪萍在阿尔及利亚美术学院为师生们讲解中国画。

叹服于中国画家们的高效和忘我的创作精神。几天紧张愉快的创作下来，学院的教授们还拿出了他们的画册请中国同行们点评。

使馆和中建的关怀与画家团的奉献

在阿期间，我大使馆和驻阿中建公司成了画家团的主心骨和坚强后盾。从六位画家的采风创作、衣食住行到安全，使馆精心细致地做了大量的工作。每当画家团遇到困难或有什么需要，使馆和中建的领导和同胞们马上帮助解决，让我们深深感到了祖国的伟大和同胞的深情。19日晚，刘玉和大使举行晚宴，宴请画家团和阿文化部贵宾。席间，刘大使高度评价了画家团活动的成果,并就两国文化艺术交流与阿文化部领导交换了意见。

阿文化部秘书长、副司长和艺术家协会主席从两国当前的文化交流一直谈到中阿多方面的合作等。阿艺术家协会主席深情地说:"中国是阿尔及利亚最可信赖的朋友。阿尔及利亚人民非常了解中国,但中国人民还不太了解阿尔及利亚,希望中国人民能更多地了解他们……"宴会在热烈友好的气氛中结束,中国画家代表团与刘大使和阿国文化部官员合影留念。

画家团还应邀参观了驻阿中建公司总部,深深为他们为了国家的荣誉而忘我工作的可贵精神所感动。我和戴淑娟应中建公司邀请,分别为公司驻阿总部精心绘制了反映祖国大好河山的两大幅国画作品。画家团还为大使馆和中建分别作了一场关于美术欣赏和摄影的讲座。

画家团访阿成果

此次赴阿采风创作交流活动在文化部、中国对外文化集团公司、驻阿使馆和阿国文化部精心的安排和组织下,获得圆满成功。按驻阿使馆文化参赞的话说,是"超出了预想的结果"。画家的采风创作活动和画展在当地文艺展引起很大震动,也在社会上产生了广泛的影响。六位赴阿画家团结一致,充分发挥各自的艺术才能,在各种活动中充分展示了中国当代艺术的高水平和魅力,彰显了我国在文化艺术方面应有的大国气度和风范。

阿文化部官员、文化艺术界和社会各界对展示的中国当代艺术和中国画家的艺术水准都表示由衷的赞叹和欣赏。阿文化部和美术学院都收藏了中国画家们的作品。文化艺术的交流是双向的。在阿期间,画家团尊重和欣赏阿国的传统和当代艺术。参加交流的六位画家都感觉收获非常大，对阿国优秀灿烂的文化艺术如饥似渴地加以吸收学习。不仅是美术，阿国的音乐、舞蹈、风俗等都引起了画家团浓厚的兴趣，有几位画家在创作时甚至还听着阿拉伯音乐。

让世界认识和了解中国当代艺术，让中国了解世界多样的文化艺术，共同学习吸收，相互借鉴，取长补短，维护世界文化的多样性，促进世界文化的繁荣和发展——此次中国画家赴阿代表团在文化部、中国对外文化集团公司和驻阿使馆领导下，实践并实现了这个目标。

画家团通过20余天的采风、展览等活动，进一步加深了与阿文化官员、文化艺术界和社会各阶层民众的了解和交流，与他们结下了深厚的友谊。两位陪同画家团的阿文化部官员对工作认真负责，他们主动帮助解决我们在日常生活中、采风创作活动中困难和问题。看到画家们喜欢阿拉伯音乐，他们自己出钱为画家们买音乐光盘。在中国画家离阿出境时，他们一定要把画家们送过安检线，并祝中国画家们一路平安。阿方开车的司机、负责安全的警察和在大街上、饭店里、学院里遇到的阿国男女老幼都对画家团、对中国表示友好和敬意。这种友好的深情留在了画家们的心里，也留在了阿国人民的心中。

阿尔及利亚与中国的关系：
不一样的故事

达利·贾法尔（阿尔及利亚航空公司驻华代表）

我第一次接触中华人民共和国，可以追溯到上世纪 60 年代初中国总理周恩来访问阿尔及利亚，那时我还是位于首都五一广场的埃塞特伊迪尔小学的一名小学生。我永远不会忘记那一天，我们走出班级到五一广场，手持阿中两国国旗欢迎中国总理。那天在我们前往广场和街道时，处处都能感受到阿尔及利亚人民对中国政府和中国人民怀有的尊重和赞赏。我至今仍然记得我们唱着歌曲、举着旗帜的那些时刻，对我而言这些记忆十分重要，充满意义。阿尔及利亚人民在历经七年的艰苦斗争后获得自由，150 多万人为此献出了生命。此次访问，是对这 150 多万烈士、对所有的朋友和所有支持这场光辉革命的国家表示敬意、表达感激。

2012 年 7 月 5 日，那天恰好是阿尔及利亚独立日，我作为阿尔及利亚航空公司驻华代表踏上了中国大地。同样的感受再次袭来，就像我曾作为一名小学生在首都阿尔及尔街道上迎接中国贵宾时那样。阿尔及利亚与中国的关系是稳固且重要的，到中国五年多以来，我有幸能够了解这一重要性和发展势头，也见证了中国在经济、社会、文化等各领域的发展。

中国在非常短的时间内实现了其他大国几十年都未能实现的发展和经济繁荣。

在我的服务领域,即航空运输方面,我注意到了中国的快速发展及其光明前景。中国各大机场是目前世界上最重要、最好的机场之一,提供的服务也是该领域最优良、最完善的。无论是在管理、物流还是技术方面,每天都在取得新突破。每次到首都国际机场,我都有新的发现。2019年,北京新机场将交付使用,这是世界上独一无二的里程碑式建筑,也是世界上最大的智能机场、最重要的绿色机场、具备先进技术最多的机场之一。中国正利用这些技术创造更美好的明天。即便取得了这些成就,中国从未忘记那些友好、弱小、贫穷的发展中国家,她正尽全力伸出援手,并向它们转移和普及技术。

在与中国前驻阿尔及利亚大使刘玉和先生的交往中,我感受到了这种高尚的精神。每个阿尔及利亚人都认识到阿中之间兄弟关系的重要性,中国公司在驻阿尔及利亚的各领域都成为中国与发展中国家友谊关系的名片。

经济和贸易并不是阿中交往的全部,还有人文交流,它是阿中关系的另一基础。我看到了我的朋友和兄弟、中国驻阿尔及利亚前文化参赞石岳文先生十分敬业、负责地通过文化活动促进双边关系。我受邀前往观看的所有文艺表演都如同深入中华文明的旅行,具有很高的审美价值,令我目不暇接,对中国的了解也进一步加深。对中国的认识和情谊,促使我决定让孩子们一同前来中国,让他们获得我不曾得到的机会——从中国毕业之后,通过继续学习,能更进一步深入了解中国。儿子穆罕默德·阿尼斯在北京语言大学学过中文,女儿叶赛敏正在北京理工大学攻读生物学博士学位。我非常高兴能够从个人或家庭层面为连接阿尔及利亚与中国架设了一座小小的桥梁,而这样的小桥梁多了,就会构成阿中和平共处、互利共赢的大桥梁和沟通渠道。

我来到中国的五年间,这个国家发生了很多变化。作为阿尔及利亚航空公司驻华代表,在中国国内出差或旅行,我见证了中国的发展势头

交流篇

达利·贾法尔在北京的办公室里。

和她在经济、社会、文化各领域的进步。中国在旅游业领域实现的飞跃是前所未有的。无论在西安、上海、广州、天津还是香港,每次旅行都让我感受颇深。中国将历史与现代这两大体现旅游业独特精神的重要元素融合,赋予其植根于五千多年历史中的人文深度和文明深度。中国梦将成为照亮人类共同未来的明灯,未来的世界将充满爱、幸福和安宁。自从 1978 年改革开放以来,中国实现了人民的幸福和富裕,这对于中华民族而言是一件好事。不过,令我惊讶的是旅游业的发展,中国在几十年间已经转变为主要的旅游目的地之一,同时,她还是世界第一大旅游客源地,成为推动世界旅游经济的"火车头"。

中国在旅游领域实现的超越让我期盼着阿中两国在旅游领域可能合作。阿尔及利亚是非洲面积最大的国家,具有多样化的地理环境、气候和文化,能够吸引中国游客;同时,凭借便捷的空中交通网络,阿尔及利亚可以成为非洲游客前往中国的交通枢纽。中国在旅游领域上的尝试是从产业框架、基础设施、酒店设施等方面综合推进的，从而将其打造成为一个重要的产业。让我感到惊讶的是中国人在酒店管理、运营领域的经验，以及中国实行的有关经营、开发、投资5A级景区的政策，这些都有助于双方在该领域合作交流，实现共赢。而阿尔及利亚拥有融合非洲、柏柏尔、阿拉伯元素的地中海文化，有条件学习中国在旅游领域的经验，建设强大的旅游产业，为国民经济作出贡献，促进国家发展。

我相信，旅游能促使两国人民相互接近和了解，有利于构筑可持续的长久合作之路。这将对未来阿中关系的发展发挥关键作用，使两国友好关系得以长存，让我们的子孙后代在任何困难和障碍面前都坚决维护它，履行创立这一伟大关系的前辈们的承诺。

远方的亲戚

李 琼（中国外交部干部司一秘）

交得其道，千里同好。中阿两国虽然相距遥远，人文历史和社会制度各具特色，但双方在许多国际与地区事务中立场相近，始终相互理解、相互支持。究其原因，我认为民心相通是中阿政治互信的基石，也是中阿友谊代代相传、历久弥坚的内在支撑。

在使馆工作的那些日子里，经常会在院墙外碰见三五成群的中学生。他们衣着时尚，自信开朗，在阿尔及尔明媚的阳光下焕发着青春活力。每次见到我，他们大老远就会扯着嗓子喊"你好！"起初，我对他们敬而远之，后来渐渐熟了，才知道孩子们十分善解人意。我提着购物袋上坡，他们会主动上来搭把手；我开车进宿舍楼有困难，他们会热心地前后指挥。得闲的时候，我们也一起唠唠嗑。出人意料的是，他们都知道中国人喜欢红色，中国最重要的节日是春节。还有一次，一个头发涂得油亮油亮的男孩对我说："我知道，你们中国抗战打了八年！我们阿尔及利亚的独立战争也打了将近八年！"我吃惊地问他："你怎么知道中国打了八年抗日战争？"他自豪地说："爷爷告诉我的！他是飞行员，还是中国给培训的呢！"我恍然大悟，难怪他们对我如此亲切，对中国如此熟悉。这群可爱的年轻人，都是伊本尼·哈兹穆中学的学生。哈兹穆中学与中国大使馆比邻而居，风雨相伴了几十载。从这里成长起来的一代代阿尔及利亚青年，受中国传统文化耳濡目染，成为传播中阿友谊的志愿者。

青年是国家的未来、民族的希望，青年对阿尔及利亚更是意义非凡。之所以这样说，是因为30岁以下青年约占阿尔及利亚总人口的60%，其中更有近三成不足15岁。中阿友谊万古长青，薪火相传，也必须聚焦青年，依靠青年。为了继承传统、增进友谊，有一年春节前夕，刘玉和大使和夫人邀请了哈兹穆中学的师生到使馆联欢。

刘大使在致辞中表示，文化的多样性构成了多姿多彩的世界，不同文明都对世界繁荣和人类进步作出了积极贡献。中国与阿尔及利亚都拥有悠久的历史和灿烂的文明。中阿两国传统友谊源远流长，双方应丰富文化交流，尤其是应进一步加强两国青年交往，以便不断夯实中阿友谊的基础，使青年成为两国人民增进了解、加深友情的生力军。刘大使还勉励在场的学生们勤奋学习，学有所成，报效祖国，同时争做中阿友谊的传承人，书写中阿友好合作新篇章。当天正好是阿尔及利亚柏柏尔新年。哈兹穆中学教务处处长哈米德代表师生们感谢使馆作出的这一特殊安排，表示很高兴与中国朋友共度两国的传统节日。

柏柏尔人是北非的原住民，生活在从埃及到摩洛哥之间的广大区域。阿尔及尔历史博物馆珍藏着柏柏尔王朝的许多出土文物，其中最为注目的是刻有努米底亚王国国王朱巴二世头像的钱币。朱巴二世虽然不为广大中国同胞所知，但他的妻子塞勒涅却身世显赫，是罗马帝国开国君主屋大维与埃及艳后克里奥·佩特拉的女儿。公元7—8世纪，阿拉伯人征服北非。经过1000多年的交流融合，大部分柏柏尔人在宗教信仰上成为穆斯林，但是在语言、文化和民族特性上仍然保持着独有的特色。如今，柏柏尔人约占阿尔及利亚总人口的20%，仅次于阿拉伯人。柏柏尔人有自己的历法，其元年相当于公元前950年，足见柏柏尔文明之古老悠久。柏柏尔历与中国的农历颇为相似，北非地区长期采用，并用来指导农业生产活动。每年1月12日是阿尔及利亚的柏柏尔新年。阿社会各界都高度重视保护和促进柏柏尔文化。中国朋友能够想到这一点，并且组织活动共度两国传统佳节，真是别具匠心，难免会使哈兹穆中学的师生们感动不已。

联欢会上还放映了介绍中国民俗与春节文化的影片，并开展了有奖问答，同学们踊跃参与，竞相抢答。有一个叫法蒂玛的小姑娘给我留下了深刻的印象。当主持人问及："1963年底、1964年初，哪位中国领导人访问了亚非14国？"法蒂玛"嗖"地站了出来，高声道："周恩来！"然后，她又噼里啪啦连珠炮似地补充道："我还知道，周总理在万隆会议上提出了'求同存异'的主张！"别的同学也毫不示弱，一个个都像事先看过题本似的，争先恐后地抢答提问。他们对中国、对中阿两国关系的了解远远超出了我们的想象，令人感动，也使我们对中阿友谊的未来充满了信心。

有奖问答结束后，使馆厨师表演了拉面、包饺子等中国传统厨艺，师生们看得兴致勃勃，并动手尝试制作中国美食。法蒂玛兴致最高，看着白糯糯的面团在大厨的双手间上下飞舞，很快就变成一条条均匀细长的面条，她像铃铛一样的大眼睛更加闪亮了，决定一试身手。来自山东的大师傅一看要收个"洋徒弟"，欣喜不已，详详细细地讲述了一番技术要领。轮到法蒂玛上场了，只见她手持面团两端，使劲一拉，那面团却没啥大变化。也许是劲儿使得不够吧？她再用力一扯，这下面团又撕成了两半。法蒂玛耸耸肩，有点沮丧。中国师傅赶紧救场，三下五除二将面团揉在一起递给法蒂玛。法蒂玛这次有所进步，但还是失败了。第三次终于有了成效，眼看面团变成了一根根肥肥胖胖的面条，她喜不自胜，有些得意，手腕一抖，"噗"地一声卷起了案板上的面粉，把自己搞成了大花脸。"Oh, mon dieu!（啊，天啦！）"法蒂玛失声大叫，她那滑稽的模样逗得大家哄堂大笑。整个联欢活动充满欢声笑语，气氛十分热烈。通过这些零距离体验，师生们对中国文化有了许多感性认知。我也得以认识哈米德处长等一批新朋友。

哈兹穆中学学生在中国使馆招待会上学习拉面技巧。

第二年,哈米德邀请我们前往他家过宰牲节。宰牲节是纪念先知易卜拉欣及伊斯玛仪父子的节日。据古兰经记载,真主安拉为了考验先知易卜拉欣的诚心,托梦让他拿心爱的儿子伊斯玛仪献祭。为了表达对安拉的忠诚,易卜拉欣和伊斯玛仪都毫不犹豫地表示愿接受考验。安拉被父子二人的忠诚感动,送来一只羊,代替伊斯玛仪牺牲,成为祭品。这一天是伊斯兰教历的12月10日,即朝觐期的最后一天,成为穆斯林最重要的节日。

我们驱车跟随哈米德来到阿尔及尔郊区的一个小镇,在一座三层白色小洋楼前停下来。哈米德的两个儿子,大概十一二岁,早就候在大门边,他们穿着小西服,特别精神。进得客厅,哈米德的夫人、两个正在读大学的女儿等女眷都在这里。一一行过见面礼,哈米德领我们参观他的家。一层是客厅、餐厅和厨房,厨房特别大,足足有四五十平方米,烤箱等设备一应俱全,干净整洁,可见女主人十分能干。二层和三层主要是卧室，都是西式现代的装修风格。登上楼顶，小镇尽收眼底。阿尔及尔属于地中海气候，四季如春，繁花似锦，绿意葱茏。只见一幢幢白色洋楼错落有致，依山而建，掩映在花树之间，宁静而祥和。哈米德介绍说，这个小镇是他的家乡。阿尔及利亚人有很重的乡土情结。这几年经济形势好了，手头宽裕了，很多像他这样在城里工作的人纷纷返乡置办房产。我说，这一点我们两国十分相似。中国人骨子里都深藏着一种"故土难离，叶落归根"的情怀。在古代，中国人讲究置办家产，都想买一块属于自己的地产或者置办一处宅子。如今，许多人奋斗一生，省吃俭用也要买一套房子，总想有自己的一块产业。看来我们两国人民对土地、房子和故乡都有着同样的感情呢！

哈米德又指着远处几幢高层塔楼说："那些是廉租房。布特弗利卡总统要为老百姓建造100万套这样的住房！"我应声道："布特弗利卡总统真是心系民生啊！"哈米德有些自豪地说："那当然！布特弗利卡总统是阿尔及利亚人民的救星！他带领我们走出了'黑暗的十年'！"我听了十分感慨。上世纪90年代初，阿尔及利亚实行多党制，"伊斯兰拯救阵线"在选举中胜出却不被承认，还遭到取缔，导致恐怖主义盛行，造成了十年的政局不稳，社会动荡、经济停滞。1999年布特弗利卡总统上任后，继续打击恐怖团伙，力推全国和解，通过《全民和解法》与《和平与全国和解宪章》，分化、感召残余恐怖分子，使阿尔及利亚社会治安状况大大改善，经济、社会、文化等各项事业也得到了全面有序的发展。前事不忘，后事之师。"失去的十年"造成阿尔及利亚社会大动荡、民意大撕裂、经济大萧条，给阿尔及利亚人民留下无法挽回的伤痛，但同时，稳定压倒一切也逐渐成为社会共识，人们开始步上追求幸福生活的康庄大道。

我们下得楼来，女主人已在客厅准备了坚果、水果和茶点。阿尔及利亚人喝的是薄荷茶。这种茶不是用开水冲泡的，而是将绿茶熬煮近半个小时，过滤掉茶渣，再加入砂糖和新鲜的薄荷叶调制而成的。喝薄荷茶讲究一闻、二品、三回味。端起茶杯，薄荷叶的丝丝凉意随着热气升腾，沁人心脾。呷一口，醇厚香甜，浓而不腻。薄荷茶不能喝得太快，含在口中，只觉口齿生香，回味悠长。阿尔及利亚的点心也是五花八门，五颜六色。今天的点心没有色素，味道也不是很甜，看来是女主人为中国客人量身打造的。

客厅也是西式现代的装饰，只在靠窗的一角有一个深褐色的雕花 X 形木架，上面放着一本装潢精美的大书。我一时好奇，想拿来看看。没想到一伸手，就被哈米德的小儿子制止了。原来，这是一本《古兰经》，翻看之前一定要洗手，举行小净仪式。我不好意思地收回了手。哈米德笑着说："我时常告诫孩子们，要懂得包容。正因为不同国度、不同文化之间存在差异，世界才会如此丰富多彩。"我说："经常和外国朋友打交道，才能从细节中看出彼此的文化差异，并由此激发我们了解其他文明的兴趣。了解是互相尊重的基础。"哈米德深表赞同，说道："看来以后我们还得加强往来！我家的大门始终向中国朋友敞开！"哈米德一家就是这样，生活方式上虽然西化了，但仍然保持着他们的宗教传统和本土文化。我想，一个国家、一个民族如果懂得甄别，在接受先进事物的同时，又能恪守自己的本土文化，维持自己的民族特性，也不失为明智之举。

主人家非常热情，一直不停地招呼我们品尝茶点。待到中午一上饭桌，我又是大吃一惊。只见雪白的绣花桌布上，按座次整整齐齐地摆放着一叠一叠的杯盘碗盏，桌面上分布着一盘盘五颜六色的蔬菜沙拉和各式各样的佐餐小菜，桌子中央一个大铜盘里赫然架着一头烤全羊！表皮酥黄，冒着油星，香味扑鼻，令人垂涎欲滴。

大家用柠檬水洗了洗手，准备开吃。哈米德用右手撕下一块肩胛肉递给我。我接过来一尝，表皮香脆，肉质鲜美，肥而不腻，不禁竖起了大拇指。哈米德满意地点点头，一声令下，大家迫不及待地开始享用大餐。哈米德一边吃，一边饶有兴致地为我们讲解烤全羊的制作过程。原

李琼和当地小朋友合影

来，正宗烤全羊得是公羊羔，必须由阿訇亲自宰，宰之前还得为它念一段古兰经，之后掏空内脏，只留下羊腰，用各种香料腌制入味，再在羊肚子里塞上一些面制品，以便吸收多余的油分。烤时最好用一种类似艾蒿的植物，它能使羊肉具有独特的风味，不能用明火，要不停地翻转，还得不时在表皮刷上黄油，以使表皮更加香脆。开吃前，主人用右手撕下一块给最尊贵的客人，请其品尝，就像喝红酒之前要品酒一样。烤全羊制作十分复杂，从宰杀、清洗、腌制到烤制，需要一天多的时间。我们一听，十分感动，看来主人家费了不少功夫啊。

  我们在哈米德家度过了愉快而难忘的一天。哈米德的几个孩子坐在我们周围，好奇地追问着关于中国的事情。两个小男孩还立志要学中文，长大了要去中国做生意。我们就像一家人一样，规划着人生，憧憬着美好的未来。虽然事隔多年，但至今我仍清晰地记得，临走时哈米德夫人拉着我的手，依依不舍地说："这里就是你在阿尔及利亚的家，经常来玩吧！"是的，阿尔及利亚是我的第二故乡，虽然相距遥远，但那里还有我的亲人、我的家。

我和中国的相遇

法尔雅·费拉里（阿尔及尔第二大学外语学院前院长）

我听过很多与中国有关的各种名言语录，如"求知，哪怕远在中国"。虽然我当时并不理解它们的深层含义，但是我的脑海中开始描绘一个遥远的东方国度的画面。尽管还没有机会见识她的真正模样，这激起了我心中发掘这个国家真实面目和文明的持续动力。当然，这种动力也源自于我的成长环境：我跟着一个痴迷中国文化的母亲长大。她对于中国有着无限的热爱，甚至我们每天在唯一的国家电视频道上看到的中国女性传统服装也让她痴迷。她一直没得到机会去中国旅行实现夙愿、满足好奇，却凭借所有感觉唤醒自己的技能，缝制一些衣服，虽然绝大多数都未能完工。

终于，2010 年，机会敲响了我家的大门，这是一个大惊喜：在上海世博会期间乘坐土耳其航空去中国旅行。旅行的准备耗时漫长又费力，我们对身处十几亿人口之中的担心更是增加了出发前的麻烦。我们该怎样面对这种情况？尤其是我们还带着两个小女儿一起旅行，万一她俩在人潮中丢失了怎么办？怎么能找到她们？所有这些问题都需要规划好行程，制定大家都遵守的规矩：

——不管在哪儿，都要手牵手走路，不能抛下任何一个。

——在每个人的鞋里放上几块硬币，用中文写上我们去过的每个地方，以便可以在走失的情况下返回原地。

交流篇

费拉里在北京大学外国语学院门口留影

当我们踏上这个伟大国家的土地时,一切担心都烟消云散。这个国家的人民就跟我以前去过的所有国家的人一样——一样的喜怒哀乐,四处充满了生活气息。只是,几十年来的先入之见都消失了:中国人并不是都像我曾以为的那样身材矮小,他们中有魁梧的、小巧的,也有中等个头;更不用提多年让我浮想联翩的神话传说,根本没发现一丝踪迹。

我们游玩的第一站是北京的古典园林。我发现,中国人与自然,包括其中的万物有着特别的关系,看重万物生灵是这一关系的主旨,也是中国人与自然和谐相处的秘诀所在。在我第二次来中国时,我再次确认了这一点。在北京,我游玩了圆明园、紫禁城,深刻感觉到中国是一个孜孜不倦的工匠,工作对于这个工匠来说就是一种信仰。这样,我理清了这一关系的根源,它可以上溯至孔子的思想和哲学。我发现它如同一种宗教,吸引我进一步探寻追问:孔子为什么没成为先知?

中国的一切都很宏伟，彰显着这个国家的古老文明。从街道到建筑，特别是紫禁城、天安门、颐和园、万里长城、雍和宫等古迹，无不让你感觉到自己的渺小。世界上最大的藏传佛教寺院之一的雍和宫位于北京东北部，其建设经历了中国数代皇帝，内有一座高达26米（85英尺）的弥勒大佛雕像，由一根完整的白檀木雕刻而成。

1406—1420年明朝永乐皇帝年间建造的天坛让我大开眼界。紫禁城同样由永乐皇帝主持建造，那儿拥有绝佳的美景。位于紫禁城西北方向的北海公园在冬天是最受滑冰爱好者喜爱的公园，春天人们又可以漫步公园，欣赏鲜花盛开的美景。这座公园离紫禁城非常近，也是第一座建立在皇家场地中的公园，附近的居民非常喜欢在周末的早上在这里打太极。

上海浦东新区的第一八佰伴广场是最繁华的地段，它们反映了中国在很短时期内达到的科技和文明水平。此外，还有北京繁华的南锣鼓巷，游客可以在时尚餐厅和酒吧享受夜生活；鼓楼是北京为数不多的仍然保留着胡同的地区之一，不少有着红色大门的四合院民居正在翻新。

我的最近一次中国之旅是在2015年，虽然知道以后还会有机会来访，但可以肯定都属于学术和文化交流。那次经历让我内心很震撼，特别是从韩国仁川出发乘邮轮到达天津市。中国的海景十分壮观，我亲眼看到充满生气、波涛汹涌的大海，一群鸟儿一直在我们身边盘旋，好像是在比赛谁能赢得我们的喜爱，还有比人类中的胖子还大的巨型水母。人们随着美丽自然奏响的曲调或者是连着扩音器的音响起舞，绝大部分游客一直都沉醉其中，甲板上每个人脸上都洋溢着喜悦，只听得到欢声笑语。我们无法抑制与这些人一起互动的热情，加入了这场平生未见的盛宴。他们十分热情地欢迎我们的加入，对我们充满了强烈的好奇，问题像雨点一样落下来，背后是他们美好高贵的精神——无论怎么问，丝毫没让我们觉得不妥。

费拉里（左2）在游船上与新朋友们合影。

我们与新朋友们一起度过了终生难忘的一段时光，尽管在到达时与天津港的边防警察发生了一些不愉快——可能他们工作中也没碰到我们这样的人坐船来天津，毕竟平时只有中国人或韩国人才会这么做。

这些是我在中国访问期间的一些令人惊讶与喜悦的经历，从中我发现，认识的中国人都十分善良，这让我决心加强与他们的关系。我与定居阿尔及利亚的中国人建立了友谊，那时我决定，在自己担任院长的阿尔及尔第二大学外语学院建立汉语语言文化系。我结识了时任中国使馆文化参赞的石岳文先生，他学识渊博、思想深刻，结合了领导的果敢和文化人的稳重。他的妻子萨利玛是一位善良、乐于助人的女性，从不吝啬为别人提供建议和帮助，她的茶具总是准备好了迎接客人。她一直很活跃，令人搞不清她的职务，因为她在每个地方都会忙碌。

费拉里在上海外滩。　　　　　费拉里在上海街头。

大使,那个说着一口流利法语的英俊男士,是一位阅历丰富的真正外交官,受到所有与之交往的人的喜爱,而他谦虚的品质更让人敬仰。大使先生是他的祖国最好的代表,他总是把工作做到最好,这也是很多人找他寻求帮助的原因。

在我内心占据重要位置的还有我的中国女儿索菲亚,她虽然不是我亲生的,但一样让我疼爱。我拥抱她,她也毫不吝啬地亲吻我。她认识我的小家和大家的成员们,分享我们的喜悦与难过,家里所有人都会经常询问她的情况:索菲亚过得怎么样?大家都牵挂着她,我也特别牵挂着她,不敢去想她即将离开的日子,这令我难过。

还有我的朋友王和她儿子。她是个从来不知疲倦的"铁娘子",她了解她所爱的阿尔及利亚每个角落,想要在这里度过一生。在和阿尔及利亚人交往的过程中,她知道了什么是安逸舒适,自己慢慢改变了不少。她说,阿尔及利亚人崇尚慢节奏的生活。与这位女士在一起,我了解了

交流篇

费拉里在北京天坛。

中国美食,并爱上了它。她来我家里时,我们一起做各种中国和阿尔及利亚美食,我们很享受这种融合式烹饪,它反映了两国不同的民俗传统。我们的关系不断加强,她甚至要与我们家结为亲家。

还有我的学生阿兹米,我参加了他的论文答辩,直到现在还鼓励他继续学习阿语。我在院长办公室里接待的他,当时他正在找论文导师,没有接受阿拉伯语语言文学系老师的指导。于是,我建议他考虑从事语言教学领域的工作,确切地说是教中国学生阿拉伯语。他对这个想法十分感兴趣。我把他推荐给了我一个朋友,她十分认真地辅导他,我们还参加了他的论文开题,他也获得了硕士学位。目前,他正在准备博士学位论文选题。

在中国,我与朋友兼兄弟、北京语言大学阿拉伯语系系主任哈利勒(罗林)的关系不断巩固。他是一位笑容可掬、慷慨、总是很忙碌的人——他总在不停地活动,我都怀疑他不用睡觉。对他来说,阿拉伯语就是他精通并热爱的第二语言,他一直潜心研究,在阿拉伯各国都结下了学术

223

费拉里与北京语言大学阿拉伯语系主任罗林（哈利勒）

文化关系，并赢得了学者们的尊敬与赞扬。

虽然我还不懂汉语，但梦想着有一天能够学习它、研究它的文明。现在，我感到十分满足。两年前，我热爱中国的女儿替我部分实现了这个梦想。她在北京语言大学学习，目前已经适应了中国的生活，每年回阿尔及利亚仅两次。她向我们讲述她每天的活动和工作安排得满满的生活。在那之前，她总是半天都消磨在睡觉上。谁能相信在中国的生活、与中国学生的交往改变了我女儿对生活的看法，为她塑造了与青春期刚开始时完全不同的坚强个性呢！

是的，女儿长大了，不再是处处依赖我帮助解决问题的小孩了。她已经能自己承担责任，处理人际关系和各种事务了。她最近还参加了慈善组织的活动，为穷人做饭，谁能想到她以前可是个煎蛋都不会的姑娘呢。

就这样，我和中国的相遇让我和我的小家生活变得更好。有着深厚根基的中国古老文明，特别是她的人民对工作的热爱，对成功、卓越和繁荣的不懈追求，让她在世界上赢得了卓越的地位。我也总是拿中国举例子，鼓励学生们勤奋努力并学习汉语。这个梦想，我的女儿已经实现了一部分，我坚信有一天它能全部实现。

邮票中的阿中友谊

游 丹（中建阿尔及利亚公司员工）

2006年至2010年，我曾在阿尔及利亚工作近四年。随着对这里的了解不断加深，工作之余，我不禁对阿国的邮票产生了兴趣。邮票虽只有方寸之地，却是很好的文化艺术载体，常常被看作一个国家的名片。每个国家发行的邮票都折射出该国的政治、文化、传统和社会生活等方方面面。

阿尔及利亚邮票的历史浓缩了这个国家的现当代史。阿国的邮票史可以被分为三个阶段：第一阶段，1924—1958年；第二阶段，1958—1962年；第三阶段为1962年至今。

1849年，邮票被当时的殖民者法国人第一次带入了阿尔及利亚。在之后的几十年里，法国邮票一统天下，在法国印刷发行的邮票被带到阿尔及利亚直接销售和流通。例如下面这两枚邮票，左侧是法国邮政第107号邮票，右侧是法国邮政第170号邮票，上书"法兰西共和国"。

这是一封当时从阿尔及尔寄出的贴满法国邮票的挂号信：

除了邮戳上的"阿尔及利亚"和"阿尔及尔"字样，它看上去跟一封法国寄出的信没有任何区别。可以说，这一阶段阿尔及利亚使用的邮票就是它作为殖民地毫无主权的写照。这种状况一直持续到1924年。

1954年11月1日，阿尔及利亚独立战争打响。经过四年的艰苦努力，1958年阿尔及利亚民族解放阵线（FLN，当今阿国执政党，第一大党）成立了临时政府。阿国虽尚未完全独立，但革命势不可挡。邮票中的阿尔及利亚也悄悄起了变化。不同于之前34年的"拿来主义"，邮票虽然仍是法国印刷发行，但在阿尔及利亚流通时多加了一个印章。下面这三张是法国邮政第1325、1340和1341号邮票，邮票上印刷着"法兰西共和国"，又加盖了一个"法兰西阿尔及利亚1958年5月13日"的印章。阿尔及利亚摆脱殖民、获得独立的脚步正在坚定前进。

交流篇

到 1962 年，这场独立战争已经持续了八年之久，法国殖民者大势已去，无力回天。11 月 1 日就是革命 8 周年纪念日，民族解放阵线（FLN）即将宣告阿尔及利亚独立。10 月 31 日晚 9 点，几名民族解放阵线的特派员悄悄来到阿尔及尔 Hussein-Dey 一名叫克里马特·阿桑的阿尔及利亚人开办的小印刷厂内。从这天晚上 9 点半起，印刷厂的八名工人彻夜不眠，印刷着一些邮票。由于没有专业制作邮票齿孔的工具，打孔的工作都是由克里马特·阿桑和他的儿子手工完成的。11 月 1 日清晨 6 点，12825 枚邮票印刷打孔完毕。FLN 特派员一张不留地带走了所有邮票，而阿桑也总算松了一口气，跟儿子一起就着咖啡吃起了面包。

这一天，阿尔及利亚摆脱了法国人 130 多年的殖民统治，获得了独立。当天下午，阿尔及尔的邮局开始公开发行这枚名为"阿尔及利亚革命 8 周年"的邮票。这枚在仓促之中印刷出的邮票成为独立的阿尔及利亚人民民主共和国的第一枚邮票。这枚邮票后来被收藏者们简称为"1＋9"，因为它的面值为 1 第纳尔的流通值加 9 第纳尔的捐献给革命烈士遗孤的税。"1＋9"是阿尔及利亚邮政史的一个里程碑，弥足珍贵。

"1＋9"之后，独立的阿尔及利亚开始逐步推进邮政事业，到今天，阿国邮政每年都会发行数十枚新邮票。阿国培养出一批忠实的集邮爱好者，甚至还创办了北非和整个阿拉伯世界唯——本集邮期刊《Philnews》。在阿工作的几年间，我通过邮局、卖旧邮票的小摊以及活跃在网络上的阿尔及利亚邮票爱好者，收集了一些有趣的邮票和首日封。

例如，2008 年阿国发行了两套与中国有关的邮票，这对阿国邮政来说是史无前例的，是中阿友谊的象征。其中一套是 7 月发行的纪念北京奥运会邮票，共两枚：

两枚邮票面值均为 15 第纳尔,绘制了五环旗,上书"2008 北京第二十九届奥林匹克运动会",画面分别为阿国运动的两个强项:击剑和摔跤。

2008 年 12 月 20 日,阿尔及利亚邮政发行了另一枚与中国有关的邮票——"纪念阿中建交 50 周年"。这枚邮票面值 15 第纳尔,图案为中阿两国国旗。1958 年 12 月 20 日,中国成为承认当时阿尔及利亚临时政府的首个非阿拉伯国家,为深厚的中阿友谊奠定了基础。

"纪念中阿建交 50 周年"邮票首日发行纪念封

阿尔及利亚的邮票既是其历史的写照,也是其文化、艺术、国家发展和对外交往的展示窗口。徜徉在邮票收藏中,我对阿尔及利亚的了解与热爱又加深了许多。

"我能摸摸相机吗？"

杨　音（中建阿尔及利亚公司员工）

采访手记：2011年赴阿尔及利亚南部采访，了解公司在当地承建的十三省监狱项目情况，途经贝沙尔省的一个沙漠小镇，有感而记。

佳能5D-2静静地躺在我腿上，我用手抚摸着镜头的长鼻子。

坐在匆匆启动的商务车上，我知道，身后甩下的是一群仍在张望的大眼睛。

我迫不及待地按下回放键：这张是头戴金色毡帽、正在咿呀学步的"小王子"；这是那个白袍子的穆斯林老爷爷，正对着镜头神气地拄着他的拐棍；这是那个看到我们在拍摄，被妈妈一把拉进门的小不点儿，听到我的呼唤猛一回头；还有她，对着镜头捂住脸咯咯笑的小姑娘；这张是——从路中间的公交上跳下来，拉着我们当街合影的大车司机……

这是非洲的沙漠小镇——阿巴达，位于阿尔及利亚贝沙尔省，撒哈拉沙漠的北缘。因为从不下雨，这里的房子全是泥筑的，街上空空的，褐色的皮肤，土黄的石墙，二层小楼上挂出的花样繁复的羊毛毯是这里唯一的装饰。家家户户门前都有一个长方形的大水箱，青色的铁皮反射出太阳的光。路两旁，没有花，没有树，只有恣意生长的骆驼刺。行走的人，穿着纯色的长袍、裹身的黑纱，深邃的眼窝里透出深深的、安静的目光……

沙漠中的儿童

比起现代的文明与活色生香,这里是那么的原始纯净。当我试探性地举起相机,这个保守的阿拉伯小镇并没有给我想要的回应:人们纷纷躲避着,女人们更是匆匆掩面走过。当我把镜头对准一群天真烂漫的小姑娘,她们立刻叽叽咯咯地笑着跑开,一个藏到另一个身后。这时,一个"哥哥"模样的小男孩急忙跑上来,张开双臂护住了妹妹的脸,扭过头示威性地看着我;我挑衅似地端起相机,那个倔强的男孩居然迎着我的镜头——笑了。

孩子们都在窃窃私语,但只是站在街角,从四面八方偷偷地打量。

我开始用长焦接近他们。镜头对准的方向,孩子们嬉笑着躲避不及,可又在片刻之后钻出一排好奇的小脑袋,生怕我发现不了。这时,一个满脸花猫的小男孩一拍胸脯，走到镜头前，自己摆起了 pose！我简直受宠若惊，连忙蹲下调焦。只见镜头里的他，神气地挺了挺腰板，一手挑起大拇哥，连两个小鼻孔都支得圆圆的。

为扩大战果，我"当场验货"，把照片拿给他们看。这下可不得了，小脑袋们把相机围了个严严实实，每当认出一个上面的同伴，就又叫又跳，奔走呼告，仿佛发现了新大陆。一下子，藏在角落里、房门后的小孩全跑出来了，大街上、小路口，到处都是小孩，整条街弥漫着小麻雀般的嬉笑和喧闹。他们争先恐后地"报名"：要大头相，要合影，还要和我单独照……我的取景框里全是小孩，双手随便一举，镜头的边角就被兴奋难耐的小脑袋挤得满满当当。刚才还害羞的小姑娘此刻也勇敢起来，不顾哥哥的阻拦，迎着镜头大方地笑开来。迎着夕阳，我看到她卷翘的睫毛在高挺的鼻梁上打出一排侧影，古铜色的皮肤光洁如玉，大大的眼睛里有神采，有女孩的柔情，像地中海的水一样晶莹温润。

这时，一个乖乖的小男孩引起了我的注意。他挤不过前呼后拥的同伴，被孤零零地甩在一边，眼巴巴看着神秘的大机器眷顾不到他。我赶忙将手腕一转，掠过那些欢呼雀跃的脸——镜头里一下子安静了，只见他惊喜地扬起头，幸福地睁大了眼睛。忽然，他的手慢慢抬起，伸向相机，又蓦地停住，两片嘴唇微微翕动，似乎在问："……？"我赶紧从镜头后面探出头："你说什么？"他稍稍提高了声音："لمسها لأستطيع（我能摸摸相机吗）？"

迎着他抬起的手，我仿佛看到他身后的小镇上，大筐大筐的椰枣，甜得像蜜的无花果干，浓稠的酸奶，远处漫漫的黄沙，都沐浴在宁静、澄澈的阳光下——这是我们可望而不可及的自然；可一臂之外，同样是他渴望却无法触及的文明。

我把相机拿近他，看着他的指尖小心翼翼地滑过机身。此刻的他，一定是同伴眼中最幸福的人。

因为时间有限,我们在孩子们丝毫不减的热情中遗憾地拍下了最后一张,然后一行人迅速退到车子两侧,拉开车门一跃而入,反手将门"唰"地带上,"呜"地启动了商务车。

车窗外,突然如哑剧一般——无数的小手敲打着玻璃,追着车子跑起来……我趴在后窗,拼命朝他们挥手,直到那群倒退的影子越来越远,彻底被甩在卷起的尘土中。

呼啸的车轮带走了我们,带走了大相机,也带走了不属于这里的陌生的文明。

我耳畔又响起了那句话:"我能摸摸相机吗?"

交流篇

"邮票犹如使者"
——与阿尔及利亚集邮家艾哈迈德·阿尔维 一席谈

刘元培（中国国际广播电台阿拉伯语部原主任）

1984年9月，我从阿尔及利亚驻华使馆了解到，阿尔及利亚邮电部要在北京举办阿尔及利亚邮展。于是，我便打听具体举办日期，以便进行采访。不久，使馆告知，阿尔及利亚邮展将在10月下旬举行，随邮展来华访问的有邮电部观察员和集邮家艾哈迈德·阿尔维，使馆许诺尽量安排采访。

邮展结束之前，我带着一些问题，来到位于长安街的燕京饭店（今唐拉雅秀酒店）拜访了这位集邮家。艾哈迈德早早在饭店前厅等待，见到我十分高兴，领我到咖啡厅就座，并请服务员送来一些饮料。他很热情，也很真诚，要我先喝点咖啡。就这样，我们边喝边聊。

刘元培（左）与外籍专家利达在他展出的邮票前。

中国和阿尔及利亚的故事

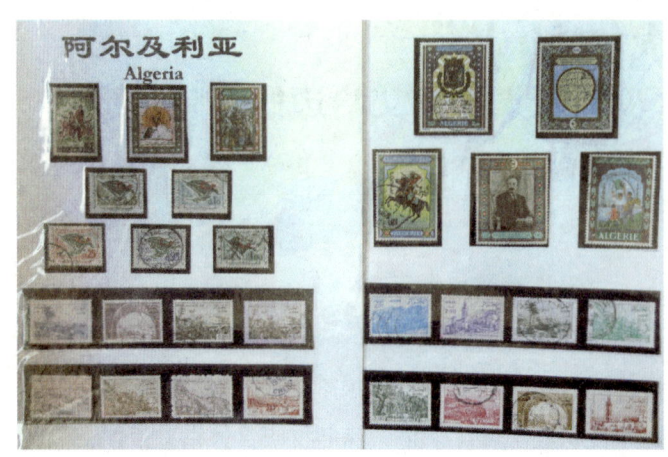

刘元培收集的阿尔及利亚邮票

我首先提问："我知道您是阿尔及利亚著名的集邮家，能否介绍一下您是怎样与集邮结缘的？"他思考了一会儿后回答道："我六岁就爱上了集邮。幼年时，我的爱好很广泛，爱收集邮票、画片、明信片等。后来有一次，我在朋友家看到了他收集的邮票，那五颜六色的邮票打动了我的心。从那时起，我开始专心收集邮票。但当时法国殖民当局禁止开展集邮活动，自己收集邮票只能偷偷摸摸进行。由于家庭经济困难，我不能继续上学，只得提前工作。我被迫离开了家乡奥拉斯，到首都阿尔及尔谋生。当时，很多人涌向欧洲寻找工作。但我想，我是阿尔及利亚人，应该留下来为阿尔及利亚服务。独立后，我在邮电部工作，这给我集邮提供了方便，也可经常请教别人。现在，我们家不仅仅是我自己收集，连我的孩子也爱上了集邮。"

他的经历引起我的共鸣。我告诉他："我大约在初中的时候就喜欢上集邮，这是受邻居的影响，他有花草、风景、人物邮票和一些外国邮票。这各式各样的邮票好像一幅多彩的画卷，让我大开眼界。他看到我如此喜爱，便送给我几张。从此，我就爱上了集邮。到中国国际广播电台工作后，阿拉伯语部每月要收到几百封阿拉伯国家的听众来信。信封上的阿拉伯各国邮票深深地吸引了我,特别是那些风景、花草、服饰、领导人物主题的邮票。我经常从负责听众来信工作的同事那里获得一些珍贵邮票。我还买了几本邮册,分别收集各个国家特别是阿拉伯的邮票。上世纪60年代,每个星期天下午,我都到王府井大街的集邮总公司与集邮爱好者见面,交流情况,交换邮票。集邮丰富了我的生活,也让我开阔了眼界,增进了知识。"

我接着问:"您能否谈谈阿尔及利亚邮票的发行情况?"艾哈迈德·阿尔维愉快地回答:"阿尔及利亚邮票发行史不长。1830年,法国入侵阿尔及利亚。1849年,法国在阿尔及利亚发行了一枚邮票,但票面上没有阿尔及利亚的字样,只印上'法兰西共和国'。1924年,终于发行了第一枚阿尔及利亚邮票。因当时处于法国殖民统治下,所以邮票上的'阿尔及利亚共和国'几个字不是阿拉伯文,而是法文。票面上同时印有'RF'的字样,这是法兰西共和国两个法文词的第一个字母。1954年,阿尔及利亚独立。这以后,陆续发行了不少邮票。在这次展览会上,展出了其中的一部分。独立后发行的第一枚邮票,这次我们也带来展出了。"

艾哈迈德·阿尔维接着说:"阿尔及利亚邮电部十分重视邮票的发行工作,专门成立了一个文化委员会,负责监督邮票的设计和发行。"

经过20多年(1960—1984)的努力,我的集邮册上已汇集了100多张阿尔及利亚邮票。其中包括阿尔及利亚花草、树木、动物、首饰、椰枣树、镶嵌画、细密画、清真寺、教育、宪法、起义、独立日、反对种族歧视、文物保护、交通安全、科技发展、阿尔及利亚和世界名人等主题。这些邮票基本上是独立后发行的,但有些也印有"RF"的字样。

艾哈迈德·阿尔维听到以上的介绍后,不时点头,表示赞赏。他希望我把自己收集的阿尔及利亚邮票介绍给其他中国集邮爱好者。我告诉艾哈迈德·阿尔维:"北京有一本《集邮》月刊,是集邮爱好者的园地,

中国和阿尔及利亚的故事

1962年中国为支持阿尔及利亚独立发行的两枚特种邮票

它报道中国邮票的发行信息和历史背景,涉及中国各历史时期的邮票介绍和研究,也介绍外国发行的邮票。就在1966年6月,第二次亚非会议在阿尔及利亚首都阿尔及尔举行之际,我在该杂志上发表了《地中海滨的英雄国家——阿尔及利亚》的文章。该文通过邮票介绍阿尔及利亚的国情。文章说:阿尔及利亚绝大部分人口是阿拉伯人和柏柏尔人,普遍信仰伊斯兰教,全国建有无数个清真寺。阿尔及利亚土地广阔富饶,举世闻名的撒哈拉大沙漠占这个国家领土面积的五分之四。沙漠下面蕴藏有丰富的宝藏,特别是石油。在1962年发行的邮票上,就可以看到一座高大的油塔树立在沙漠中,这就是阿尔及利亚著名的两大油田之一——哈西·迈萨乌德油田。1830年,法国殖民军侵入阿尔及利亚。但阿尔及利亚人民英勇不屈。一个多世纪以来,先后爆发了50多次武装起义。1963年11月1日,阿尔及利亚发行了'武装起义九周年'纪念邮票,背景是阿尔及利亚民族解放运动的摇篮——奥雷斯山区,主图是民族解放战士,有男有女,有老有少。1954年11月1日清晨,他们就在这里打响了阿尔及利亚武装起义的第一枪。在长期的革命斗争中,中国人民和阿尔及利亚人民相互支持,结成了亲密的战斗友谊。1962年,中国邮电部发行了一套'支持阿尔及利亚民族解放斗争'特种邮票。"

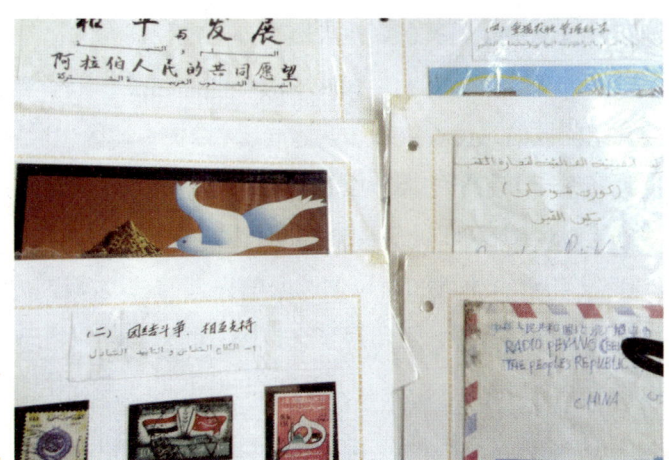

刘元培展出的"和平与发展"主题邮票

接着,我请艾哈迈德·阿尔维谈谈这次在北京举行邮展的目的。我问:"这是否是阿尔及利亚在国外举办的第一次邮展?"艾哈迈德·阿尔维首先告诉我说:"阿尔及利亚已在国外举办了85次邮展,我们曾经在莫斯科、巴黎等城市举办过邮展。"他接着说:"根据中国和阿尔及利亚两国邮电部签订的协议,我们在北京举办了第一次邮展,向中国观众特别是北京观众介绍阿尔及利亚独立后发行的邮票。"对此,艾哈迈德·阿尔维深情地说:"邮票犹如使者,可以互通情况,促进了解,建立友谊。"

我非常同意艾哈迈德·阿尔维的看法,有了邮票,可以互通信件;通过邮票,可以了解对方国家的历史、地理、文化等各个方面的情况。长期以来,我们广电部和中国国际广播电台经常举办邮展,我也经常参加。1987年上半年,中国国际广播电台举行了一系列活动,庆祝中国人民对外广播创办40周年。其中有一个活动就是邮展。我参加了这次邮展,展出了自己多年来收集的阿拉伯邮票的精华。国际台突尼斯萨法克斯听众俱乐部主任里达·萨米特参观了邮展,看了我收集的邮票,特别是突尼斯邮票后,大加赞赏。2009年,中国国家广播电影电视总局(现国家广播电视总局）在广播大厦举办了规模盛大的艺术节，期间还举办了邮展。在这次邮展上，我展出的邮票标题是"和平与发展"，通过邮票介绍阿拉伯人民希望缓和紧张局势，维护本地区和世界的和平与稳定，渴望能在一个和平的环境里建设自己的国家，利用本国资源发展经济的美好愿望。2015年，我参展邮票的标题是"'一带一路'上的阿拉伯国家"。2000多年前，中国和阿拉伯国家的先人们通过海洋和陆路，不仅运送丝绸、瓷器和香料，还传递了各自的文明，为丝绸之路的建设和发展作出了独特的贡献。

中国和阿尔及利亚的邮票各有特点，但肯定有共同点，我愿听听艾哈迈德·阿尔维的高见。他说："确实，我们之间有很多共同点。你们对抗过外来侵略，经历过艰苦的反对殖民主义的斗争。今年（即1984年）10月1日，你们欢度35周年国庆；11月1日，我们庆祝阿尔及利亚革命30周年。我们两国处境相同，你们的邮票反映国家的历史、文明、各个阶段的斗争和国家建设等，我们的邮票同样反映我国人民进行的反对殖民主义和争取民族独立的斗争，反映阿尔及利亚的历史人物、人民生活、旅游胜地等。"

"听说集邮在阿尔及利亚很普遍，是这样吗？"我问艾哈迈德·阿尔维。他迅速回答道："是的，集邮不只是一种娱乐，通过集邮还可以接受教育。阿尔及利亚教育部已经把集邮推广到学校。现在，阿尔及利亚中学里有100多个集邮爱好者俱乐部。在全国，大的俱乐部组织有12个。我们还在组织青年俱乐部，培养年轻人对集邮的兴趣，扩大知识面。各俱乐部刚成立时，由于没有场地，集邮活动大都在大街上进行。1968年建成了一个室内场馆，他们经常在那里进行活动，并举行邮展。"

我接着问："这些俱乐部的主要活动是什么？"艾哈迈德·阿尔维回答说："主要是举办邮展，介绍阿尔及利亚和外国邮票，还举办集邮知识讲座、讨论会，组织国际象棋比赛、学绘画和欣赏音乐等。"

联系自己的工作单位——中国国际广播电台的集邮活动，我告诉艾哈迈德·阿尔维："我们电台也成立了集邮协会，主要是请集邮专家作讲座，举办邮展等。"退休后，我和几位同事组成了集邮小组，主要是做参与邮展的各种准备。

一个重要的问题是艾哈迈德·阿尔维对这次访华有何印象，我便问："在北京，您参观了一些地方，也接触了一些中国集邮爱好者和有关方面的负责人，您的印象如何？"艾哈迈德·阿尔维面带微笑地说："这次我很高兴有机会来中国访问。在北京，我参观了邮票厂和一些集邮展，游览了部分名胜古迹。我感到，你们的人民很幸福。说真的，我十分敬佩你们的国家，她像天堂一样。我非常幸运地结识了很多中国兄弟、集邮专家和集邮爱好者，我的朋友更多了。在接触中，我发现他们有坚强的毅力，有丰富的经验，也有敢于创新的精神。有些国家虽然很先进，但在邮票方面还没有达到你们国家的水平。我祝愿你们取得更新、更大的成就。"

最后，艾哈迈德·阿尔维向我表示歉意，他说："我的讲话中阿尔及利亚方言较多，不易听懂。我现在还在学习阿拉伯标准语。连我的儿子都对我说：'这么大年纪，头发都花白了，还学什么标准语？'"我对他说："您的话我基本能听懂。感谢您的介绍和热情友好的讲话。祝您学习阿拉伯标准语迅速取得成功。"

后记

在中国和阿尔及利亚迎来建交 60 周年之际，由五洲传播出版社和外交笔会策划出版的《我们和你们：中国和阿尔及利亚的故事》与读者见面了。这是为两国建交庆典献上的一份具有特殊意义的礼物。记得 2014 年 4 月，我向阿尔及利亚总统布特弗利卡辞行时，他表示希望我离任回国后成为阿尔及利亚人民的友好使者。我对担任此书主编感到荣幸，对能够为弘扬中阿友谊贡献自己的绵薄之力感到欣慰。

本书的关键词是"友谊"和"传承"。30 多位作者中，有老部长、老大使，有参赞、武官和年轻外交官，有企业家、教育家、艺术家和媒体朋友，具有广泛的代表性。一甲子难忘岁月，"患难之交"打造国家之间友好关系的典范，这中间有很多经验值得借鉴，有很多感人故事令人难忘。著名诗人外长李肇星、前副外长杨文昌以诗抒怀，表达对非洲兄弟、阿尔及利亚朋友的深情厚谊，中国人民对外友好协会前会长陈昊苏讲述了父辈陈毅元帅与阿尔及利亚的不解之缘和自己的亲身经历。一些企业家向大家展现他们同阿尔及利亚朋友朝夕相处、并肩奋战在项目一线的场景，一些年轻人试图从前辈那里寻找中阿两国人民友谊历久弥坚的秘诀和传承两国友谊的动力。他们以亲身经历的生动故事，从不同视角描绘出一幅幅中阿友好合作的画卷。

王毅外长和阿卜杜勒－卡德尔·梅萨赫勒外长为本书作序。中国驻阿尔及利亚使馆和阿尔及利亚驻华使馆在本书筹备过程中给予大力支持，在此一并表示衷心感谢。

后记

六十甲子一轮回。历史是一部百科全书,是老一辈留给年轻一代的宝贵财富。站在中阿建交60周年新的起点上,中阿两国并肩开启新征程。长江后浪推前浪,一浪更比一浪高。我坚信中阿友谊将世代相传,携手开创更加美好的未来。

刘玉和

2018年2月8日